仏教の息づく
セレンディップなスリランカ

鈴木　康夫

目　次

はじめに……9

第一部　たぬきさんの出会えた人々……13

ワディナワ……14
中華弁当……17
チョコレート……19
ホッパー……24
坂　道……28
バナナの葉……31
箒の目……33
修学旅行……35
チップ……39
無　言……44
ディサナヤカ先生……48
ガミニ校長……51
いちばんよい職業……56

お母様お父様……61
神　様……69
宝　物……75
日本のお母様お父様……80
「いついらっしゃいますか」……82
将来の夢……85
微　笑……90
草刈り……92
道案内……95
飛び入りのスピーチ……99
花売り……102
東日本大震災……105
祈　り……109
お見舞い……112
メサジー……116
アンパーラ……121
ないけどいっぱい……127
憎……133
仏の心……138

第二部　旅へのアドバイス……141

両替・電気など……142
お寺……142
シーギリヤ……145
仏歯寺……147
アヌラダプラ……148
ポロンナルワ……149
ゴール……150
岩窟寺院……151
空港……152
トイレの話……152
セイロンティ　ミュージアム……153
キャンディ……153
服装……154
星空……154

第三部　食べ物・果物……157

椰子……158

紅茶……158
ジャックフルーツ……159
ドリアン……159
ランプタン……160
パイナップル……160
キャウン……160
コキス……160
ハクル……161
ミルクライス……161
ロティ……161
ルルミルス……162
カレー……162
キンマ（ブラット）……162
バナナ……162

第四部　豆知識……165

ワディナワの言葉……166
長い名前……166
ウエサック祭り……167

お正月……168
アーユルベーダー……168
ポーヤディ……168
食事のマナー……169
祭り……169
教育制度……170

第五部　スリランカの基礎データ……173

スリランカについて……174
スリランカの歴史……174
スリランカ関係の出版物……179

あとがき……182

コスモス奨学金……183

はじめに

退職後、ＣＰＩ（教育文化交流推進委員会）のインドネシアの里子たちに会いに行く機会があった。イスラム教の国であるが、子どもたちの向学心のある澄んだ瞳に惹かれた。どこの学校でも日本語を勉強していたが、彼らの熱意に対応できる環境がなかった。そんな子どもたちに日本語を教えてあげたいと真剣に考えたほど彼らの瞳が輝いていた。

この訪問が大きな刺激となり、私をスリンカへ向かわせたのだ。

スリランカに里子を持ってから、かれこれ三十年近くになるが、初めてスリランカを訪問したのは一九九七年である。その後の訪問の度ごとの、インドネシアを超える体験がなかったら、今までの二十数回に及ぶスリランカ訪問はなかったであろう。

最初の訪問の目的は、当時支援していた自分の里子に会い、彼らの生活や考え方を知ることだった。最初の里子は家庭の事情で結婚してしまい、二人目の里子はラシカさんであった。

ＣＰＩ本部からの会報と里子からの手紙などである程度の予備知識はあった。粗末な家に住み、電気もなくランプの明かりで生活している。食べ物にも不自由している。寝るとき地面に布を敷き、その上に寝ている里子もいる。だから皮膚病の子が多いなどである。

訪問したラシカさんの家は幹線道路から舗装のない枝道をしばらく走ったところにあった。家はレンガでできていたが、電気がなくランプ生活で、トイレがなかった。ホテルを出る時、「必ずトイレに行ってきてください。」と通訳が言った意味がわかった。後で家の傍の林が天然トイレだと聞いた。

彼女の家の壁には、私の写真が飾ってあった。彼女の希望は医者になることだった。その理由は貧しい人を助けたいからだった。困った生活をしているだろうに、人を助けることを考えていることに驚かされた答えだった。

巻き上げる砂埃の向こうでずっと見送ってくれていたラシカさん家族たちの姿は今でもはっきり覚えている。彼女からもらった飾りは今も色あせずに私の部屋に飾ってある。

他の里親さんの里子の家も訪問した。どの里子の家庭も貧しかった。でも共通していることは、貧しさなんか感じさせない明るさだった。そして、みんな勉強熱心だった。

私達が帰国する日、ＳＮＥＣＣ（スリランカ教育文化センター）で大勢の里子たちが輝いた瞳で見送ってくれた。彼らの瞳は生き生きとしている。恵まれない環境の中にいるにもかかわらず、この輝いた瞳はなんだろうか。

彼らは私に話しかけてきた。英語で話したら、「日本語で話してください」と言った。その言葉で彼らの日本語に対する熱意を感じた。インドネシアでも感じたが、この子らに日本語を教えてあげられればと思った。

日本とスリランカの学校同士の交流も企画した。スリランカの学校は格差が大きい。施設設備の整った学校もあれば、机も満足にない学校もある。そんな学校でも子どもたちの瞳は輝いている。コーッテのアーナンダ・バーリカ校の四年生の教室で「宿題はない方がいいでしょう」と質問したら、「あった方が勉強ができていい」と答えた。その答えに学友たちみんなが肯いていた。

タミール開放の虎が活躍しているアンパーラにも行った。ここでも、忘れられない出来事があった。

それから二〇一六年で二十三回訪問したことになる。それはスリランカの子どもたちとその子たちを育てている大人たちに魅せられたからである。

スリランカを好きになったばかりでなく、憧れ恋し愛している人たちは大勢いる。そういう人たちが後程紹介するように数多くの本を出版している。理由は人それぞれであろうが、私が触れてほしい、知ってほしいと思うことは今まで誰も触れていない。それらのことは、私が主宰している「コスモス奨学金」の里親さんたちにも知ってほしいことである。そんなことを中心に書いてみたいと思う。

第一部では、訪問で出会えた子どもたちや大人たちを取り上げた。

第二部以降では、スリランカを旅する人たちの参考になる事項を書いた。ガイドブックにはない事項があるので、訪問を計画している方は目を通してほしい。

終戦後のサンフランシスコ講和条約会議で日本に対する戦争賠償を放棄したスリランカの当時大蔵大臣で、後に大統領になったジャヤワルダナ氏のことを知っている日本人は少ない。彼は死後、日本の女性に自分の角膜を提供しているほど親日家である。そんな彼のことを詳しく調査して、出版する計画がある。コスモス奨学金副代表の野口芳宣氏の著書「この人を忘れないでｰスリランカのジャヤワルダナ大統領」である。現地や日本国内の関係箇所や関係文書を詳しく調査しての執筆なので一読をお勧めする。

第一部

たぬきさんの出会えた人々

たぬきさんとは、私のことである。私の娘が幼かった頃、私につけたニックネームである。なぜ「たぬき」なのか、命名した娘は教えてくれない。

ワディナワ

シーバリ僧のお寺は僧の学校でもあるので、コンクリート造りの立ちの高い立派な建物であった。

私たちは一階の広い広間に通された。床はコンクリート打ちであり土足のまま出入りする作りであった。私たちはＣＰＩ千葉地域会の里子たちに会うためにスリランカを訪問したのだ。ここはコロンボから南に下ったエルピィテヤにあるシーバリ僧のお寺である。

私たちを迎えるためであろう、床には水ぶきの跡が残っていたが、人の出入りのため土で汚れていた。部屋の隅には里子と思われる白い日曜学校の制服ラマサーリヤを着た女の子や同じような白い服を来た男の子が集まっていた。暑さ対策であろうか部屋は窓のない作りである。

紅茶をいただいた後、歓迎のセレモニーが始まった。私たちは壁を背にして一列に並んだ。運悪く私はその列の一番先頭に

なってしまった。真っ白い制服を着た高校生と思われる女の子を先頭に、それぞれが歓迎のアラリヤのレイを持って私たちの前に並んだ。アラリヤの花の香りが微かに香った。初めて見る花で白くてきれいな花である。

シーバリ僧の合図で私の前にいた女の子が私の首にそのレイをかけようとした。私は首を少し前に傾けた。女の子は私の首にレイをかけると同時に、まだ水気の残る土で汚れた床にひれ伏すように身をかがめた。私は一瞬目の前に起こった事が理解できなかった。目の前には、真っ白な服を着た女の子が土で汚れた床にひれ伏しているのである。

この突然の出来事に私は動揺した。そして、女の子と同じことをしようかと思った。でもそれを救うように女の子は身を立ててくれた。私は動揺を微塵も見せずに頭を少し下げただけだった。

このような礼のしかたを今までに見たことがあれば、これほど動揺はしなかったと思う。

彼らの里親でもない初めて会う日本人に、このようなことができる彼らの気持ちが理解できなかった。私は彼らに何もしていないのである。

セレモニーが終わってスリランカカレーをいただきながらも、まだこの動揺は続いていた。あの礼は型通りのものではない。心のこもった礼である。少なくとも私はそう感じた。だから動揺しているのである。あのような礼を受ける資格が私にはない。それなのになぜあのようなことができるのか。

後にわかったことであるが、スリランカでは僧、両親、先生、目上の人は尊敬の対象であり、あのような礼をするのは普通のことなのである。両親には朝晩、あのような形で尊敬と感謝の気持ちをあらわしているのである。

ワディナワというこの礼は日本では接足礼といい、僧が仏様に行う礼であり、人に対しては行わない礼である。

その後、訪問する度にこの礼に接するが、あの礼には戸惑っている。特に里子の両親や祖父母にされる時である。型通りでないのは、彼らの様子でわかる。様々な感情のこもった礼なのである。


何回目の訪問の時だったたか、帰国のために空港に向かう途中で寄ったH氏の里子家族のことは、今でも脳裏に濃く残っている。

その日は帰国の日であり、空港に向かう途中でH氏の里子の家に寄った。もうすっかり暗くなっていた。時間がないので里親のH氏夫妻だけが車から降りて里子たちと話していた。帰り際、里子家族がH氏夫妻にワディナワをしている光景が目に入った。その中で祖父母と思われる白っぽい衣服が車からの光の中に地面に張り付くようにしているのが見えた。

今の世の中で、習慣とはいえこれほど真摯の念で相手に敬意と尊敬の気持ちを表せることに驚きを覚えるのである。

中華弁当

ほとんどの里子が弁当を食べ残していた。里子たちが喜んで食べてくれるよう考えて準備してもらった中華弁当であった。コーッテ周辺にいるＣＰＩの千葉地域会の里子たちとの交流会でのことである。

私たちは里子たちにお昼に何をご馳走するかいろいろ検討した。その結果、カレーは彼らが普段食べているものだから奮発して中華弁当にしたのであった。でも結果は散々だった。残さず食べた親子は一組もいなかった。口に合わなかったのだろうか。

私は弁当を残している一人の女の子に聞いてみた。

「おいしくなかったのかい」

その子は首を振った。

「どうして残したの」

「妹たちにあげるのです」

思いもしなかった言葉であった。

彼女たちの生活環境は厳しい。食べ物も満足に食べられない時もあるに違いない。私が里子だったらどう行動しただろうか。たぶんみんなきれいに平らげていたかもしれない。彼女たちは自分のこと

よりもまず他の人のことを考えているのだ。

私は他の何人かの里子にも聞いてみた。答えはみんな同じだった。

日本でも同じようなことがあったと聞く。戦後間もなく、アメリカ人二世の方が靴磨きの少年にサンドウィッチをあげた話だ。もらった少年はそれを食べずに脇に置いたそうだ。二世が訳を聞くと妹にあげるのだと言った話だ。

スリランカの先生方に伺うと、弁当を持ってこれない子どもたちに自分の弁当を分けてあげるのは普通のことだそうだ。

その後、私はその光景に出会ったことがある。バナナの葉にカレーのようなご飯が大盛りであり、五人の男の子たちが楽しそうにそれを囲んで食べている光景である。（第一部の「バナナの葉」参照）

今でも残されている弁当と里子たちの表情をはっきり覚えている。

チョコレート

サジャーニはクマーリさんの長女である。（クマーリさんはメルビン氏の妻サジーさんの姉である）

一年ぶりに会ったのだが、女の子の成長は早い。クマーリさんが一緒でなければ彼女だとわからないほど大きくなっていた。

一月三十日、私たち一行六名はキャンディの里子の家の訪問と日本の学校と交流しているキャンディのビブラブッディ学校を訪問することになっていた。いつもはメルビン氏夫妻だけが案内兼通訳として同行しているが、この日はクマーリさんも一緒に行くことになった。

当日、待ち合わせ場所でクマーリさんを拾ったが、サジャーニも一緒に乗り込んできた。この日はウイークデーなので学校はと心配したら、休みだという。

最初に訪問する里子の家に着いた。どの里子の家も同じだが、その里子の家も見るからに貧しかった。でも、里子はもちろん家族全員明るいのである。

私は初めて訪問する里子には、いろいろ質問する。里子の家には必ず訪問者たちが座るためのビニール製の椅子が揃えてある。近所から借りてくるようである。お坊さんが同行するときはまっ白な布が椅子にかけてある。この席はお坊さん専用である。

いつも里子は立ったままである。私は無理に里子を私たち用の椅子にすわらせる。そして必ずその隣に座わる。向かい合っては座わらない。それには訳がある。向かい合って座わると相手は緊張すると心理学の本に書いてあったからである。大抵里子の右に座るようにしている。なぜだかわからないが、自分が右側にいた方が落ち着くからである。

私の質問が終わって席を立った時であった。サジャーニが赤い板状のものを里子に渡しているのが目に入った。それは私がサジャーニのためにお土産として持ってきたチョコレートの一つであった。確か三個あげたはずだ。彼女にとって、日本製のチョコレートは、貴重なものであるはずだ。その一枚のチョコレートが初めて会った女の子の手に移動したのだった。この日、彼女がいくつチョコレートを持ってきたか知らない。彼女が食べるために持ってきたのかどうかも知らない。でも、彼女が食べるために持って来たのではないような気がしている。

クマーリさんからは、サジャーニたちは何かもらったら、誰かに分けてあげるのはいつもしていることだという話は聞いていた。それが目の前で起きていた。

次の里子の家に向かうバスの中でサジーさんが私に言った。

「サジャーニが心配しています。オオパパが怒っているのではないかと。」

オオパパとは私のことである。大きいパパという意味で、孫が誕生した時、上の娘がつけた名前である。この呼び名は、私の家族だけでなく、メルビン氏たちやスリランカのドライバーまでも同じ呼び方をするのでスリランカでの私の代名詞みたいなものである。

私は何のことか見当がつかなかった。私が怒る理由が見当たらないからである。

続けてサジーさんが言った。

「さっきサジャーニがオオパパからもらったチョコレートを里子にあげたでしょう。だからです。」

その言葉を聞いて、なんだか自分がとても悪いことをしたような気持ちになった。


キャンディのビブラブッディ学校でも同じようなことがあった。

この学校は日本の学校と交流している学校である。この学校は施設設備も悪く、貧しい家庭の子どもたちが大勢いる。それは子どもたちの服装を見てもわかる。

この学校には私たちの「コスモス奨学金」の奨学生がいる。既に卒業し大学に通っている学生もいる。「コスモス奨学金」はスリランカの経済的に恵まれない優秀な子どもたちに奨学金を支給している団体である。ほとんどの子どもたちが食べ物にも苦労している。

先生方や子どもたちに学校から預かったメッセージや作品の紹介を終わって帰る時だった。

サジーさんが私に近づいてきて言った。

「サジャーニが子どもたちに何かあげてほしいと言っています」と。

サジャーニのように他の子どものことを心配している子どもたちは多い。奨学金としてもらった学用品を自分だけで使う子どもはいない。必ず兄弟姉妹や友達や近所の貧しい子にあげている。お土産もそうだ。ほんの僅かなお土産でも誰かにあげている。

クマーリさんの家では近所の貧しい子のために食物をあげていることはサジーさんから聞いている。彼女の家は裕福な家庭ではない。サジャーニは私たちのコスモス奨学金から支援を受けている子どもである。それなのにそのようなことができる優しさはどこから来ているのだろうか。家庭環境がサジャーニのような優しい子を育んでいる一因かもしれない。勿論日曜学校における仏教の勉強も大いに関係しているはずだ。

サジャーニから里親さんに宛てた手紙を紹介しよう。

「心から愛するお母様お父様へ

お母様お父様はお元気ですか。いつまでもお二人がご健康でいらっしゃるようにお祈りいたします。コスモス奨学金代表の先生のお陰でお二人に出会え、奨学金をいただくことができました。心から感謝いたします。奨学金は私と妹の勉強ために大変役に立ちます。家庭に問題が起きて勉強が続けられなくなったところに、お二人から奨学金をいただくことができ心から感謝しています。塾にも参加できてうれしいです。私はいつか医者になる夢を持っています。貧しい家の子どもたちの大きな力になりたいです。お金をもらって患者を助けるのではなく、無料で治療したいです。私を助けてくださるお二人に仏様のご加護がありますようにお祈りいたします。」

彼女の母親クマーリさんは自宅で英語の塾を開いている。費用は他の塾より格段に安いし、貧しい家庭の子からは費用をもらっていない。
里親さんに宛てた里子の手紙に
「私はクマーリ先生の塾に通っています。先生は私の塾の費用をとりません。弟も同じです」と書いてある通りである。
スリランカにはクマーリさんのような母親は多い。こんな環境がサジャーニのような子を育んでいるのかもしれない。

ホッパー

私が帰国する時は一人の時が多い。だいたい二週間の予定で出かけるが、前半は里親さんたちと一緒に行動し、後半は私一人で里子たちを訪問することが多い。

この日も、私一人で帰国する日であった。「コスモス奨学金」のスリランカ事務局であるクラワラナのスリ・プンニャワルダナラマヤ寺院では、里親さんたちが帰国する日の夕食を準備してくれることが多い。

この日は、私一人だったが、好物のホッパーが出た。出来たてのようであたたかくおいしかった。二枚目に手を伸ばした時だった。

ホッパーを食べながらメルビン氏が言った。

「このホッパーはカスニの父親が作ったのです」

「え、まだいるかい」と私。

メルビン氏に外の調理場に連れていってもらった。カスニの父親は、まだいた。わざわざ私のためにホッパーを作りにお寺に来てくれたのだ。娘のカスニも来ていた。彼女は私と五木田氏の里子だ。私を見た細身の彼女がほほ笑みかけてくれたが、シンハラ語を話せない私はただ笑みを返しただけだった。

カスニは一人っ子だ。最近母親をガンで亡くしたばかりで、現在父親と二人暮らしだ。父親も心臓の病を持っているが、近所の子どもたちの学校への送迎で生計を立てている。

食堂に戻った時、メルビン氏が小さな声で私に言った。

「カスニが父親と喧嘩したそうです。」

笑顔の彼女が父親と喧嘩したようには見えなかったので

「どうして」と聞くと

「カスニがオオパパのためにホッパーを作りたいと父親に頼んだら、だめだと言われたからだそうです。」という。

上手かどうかは知らない。私のために作ってくれるというその気持ちがうれしかった。

お寺を出るときカスニに言った。

「今度はカスニに作ってもらうからね」

でもまだこの約束は実現していない。カスニが作るホッパーがおいしいかどうかわからないが、とびきりの味がするような気がしている。

カスニだけでなく、他の里子たちも、みんな彼女と同じような気持ちを持っている。言葉だけでなく、何かの行動で、自分の気持ちを里親さんに伝えたいと思っているのだ。

ウベクシャというT氏の里子がいる。父親をガンで亡くし、母親もガンだ。父親が亡くなったので、生活が苦しく、彼女の兄は学校を辞めて働いている。母親は、時々仕事があるくらいだから生活は大変苦しい。日本の数人の里親さんからの支援で、何とか生活している。そんな里子の彼女が私たちに、ダールカレーをご馳走したいと思っているのだ。母親も同じ気持ちだ。彼女たちがそういう気持ちになったのは、私が彼女の家を訪問した時、彼女に得意な料理を聞いたのがきっかけだ。

彼女の得意な料理はダールカレーだった。

私の好きなものの一つだったので、

「私はダールカレーが好きなんだ」と言ったからだ。

この時、シンハラ人は「ダールカレー」とはいわないで「パリップ・マールタ」ということを知った。ホテルでは「ダールカレー」と書いてあるが、スリランカの家庭では使わないようだ。

彼女のところまでは車が入れない。三輪車で行くしかない。辺鄙な所だから三輪車を捕えるのも大変。私一人なら大丈夫だが、里親さんたちが多いと三輪車を見つけるのも大変だ。

彼女も母親も里親さんたちにダールカレーをご馳走するのを楽しみにしているのだ。

彼女からの手紙である。

「…いつも皆様のこと思い出しています。皆様のお陰で私と母親は生きていられます。…毎年ご支援くださる皆様に心から感謝しています。…コスモス奨学金代表の先生と野口先生が私の家にいらっしゃった時、ダールカレーがお好きだとおっしゃったので、今度いらっしゃる時はロティと一緒に準備しておきます。ダールという名を忘れることができません。」

いつ、その機会が訪れるかわからないが私も楽しみにしている。カスニやウベクシャのような思いを抱いている里子は多い。多くの里子たちとその里親さんたちが、このような機会を持てればと願っている。

彼女が作るダールカレーはどんな味がするか楽しみである。私の好物の一つロティもついているからである。お礼に何をご馳走しようか悩んでいる昨今である。

坂道

滑ったら下まで転げ落ちてしまいそうな、道とはいえない細い坂道の上の道路で待っていた。この急な坂道は二度ほど往復したことのある坂道であり、人一人しか通れない。この道は、里子の家を訪問した帰りにメルビン氏が息を切らして登ってきた坂道である。

ここで私が待っているのは私と五木田氏の里子ニローシャである。彼女の家にはこの坂道を下るか、三輪車で途中まで行き、そこから細い坂道を下って行くしかないのである。今回の訪問では彼女の家を訪問することにはなっていない。

私たちは、ニローシャの住んでいる地域の他の里子の家を訪問した帰りに、ニローシャの母親に会った。たぶん私が近くまで来ていることを母親が彼女に話したのであろう。それでメルビン氏にどこかで会いたいと連絡があったようだ。そんな訳でこの坂道の上で彼女を待っていたのである。

道路では、男の子数人がクリケットをしていた。打球は道脇の山の中に飛び込んでいたが、それでも楽しそうだった。そんな光景を眺めたり、彼女が登ってくるだろう坂道を眺めたりしていた。

急に後ろで声がした。振り返ると前より少しふっくらしたニローシャがいた。彼女は坂道を登ってくると遅くなり、私たちに迷惑をかけると思い、三輪車でやってきたのだった。

彼女は

「近くまで来たのに私の家に寄ってくれなくてさみしい。」と言って涙ぐんだ。彼女の顔が急に小さくなったように見えた。

私は目と鼻の辺りに異変を覚えた。慌てて「そんなことを言うんじゃない。」と、彼女の頭を左手で揺った。そうしなければこっちも涙が出そうだったからだ。彼女も目をしばたいていた。

ニローシャだけではない。どの里子も自分の里親さんに会いたがっている。そして自分の家に来てもらいたいと思っている。そのことは里子たちの手紙を翻訳していてわかる。家に来てもらうことでより強い信頼の太い絆が作られるのだ。

彼女とは約束していることがある。彼女の希望といった方がいいかもしれない。彼女の結婚式に私を招待することだ。

この約束が成立したのは、前回の訪問の時だった。彼女の家を訪問したが、彼女は大学に行っていて不在だった。彼女の父親と妹だけがいた。父親は彼女が勉強ばかりしていて家の手伝いをしないと嘆いていた。

他の里子の家の訪問をしていた時に、彼女からメルビン氏に連絡があり、大学の帰りに会いたいというのだ。彼女の降りる予定のバス停で待ち合わせた。その待ち合わせの時に成立した約束なのである。

彼女はコロンボ大学に通っている。将来先生になる夢を持っている。

彼女からの手紙を紹介しよう。

「…今までお母様お父様から奨学金をいただいたことに心からお礼申し上げます。奨学金は私が大学を卒業するまで大事な宝物です。大学の勉強に大きな助けになりました。…先日、スリランカ全国の村長の試験があり、私は合格して村長の仕事をもらうことができました。今までがんばれたのはお母様お父様のお陰です。…私は一生懸命勉強して将来先生になります。…お願いがあります。今私がいただいている奨学金を貧しい子どもにあげてほしいのです。そうしていただけるとうれしいです。…奨学金を私がいただけなくともお二人との関係は続けたいです。…」

今彼女にはボーイフレンドがいる。彼には会ったことはないが、彼女の彼氏だから美男子のような気がしている。

彼女の結婚式まで生きていたいと思うが無理だろうな。

バナナの葉

クラワラナの学校を訪問した時のことである。歓迎のセレモニーの後、いくつかの学級を訪問した。丁度休憩時間になったので教室では、子どもたちが弁当を食べていた。

スリランカの学校は日本の学校のように単位時間の後の休憩時間はなく、前の授業の終わりの時刻が、次の授業の始まりである。唯一の休憩時間が十一時三十分頃の二十分間の時間である。この時間がお弁当の時間なのである。

三つ目の薄暗い教室に入ったら、男の子五人が、バナナの葉の上にあるご飯を囲んで楽しそうに食べていた。五人の前のバナナの葉の上には小さなご飯の山ができていた。

次の学級では、女の子四人のグループが一つの弁当を囲んで食べていた。

最初は、学校で準備したご飯を囲んで食べているとだ思った。でもスリランカでは給食はない。その時、メルビン氏から聞いていた話を思い出した。スリランカでは、弁当を持ってこられない子どもが多い。その子どもたちのために、自宅からその子どもたちの分まで、弁当を

持ってくる子どもがいるという話だ。

この目の前にある光景は、まさに、それなのではないかと思い、教師に聞いてみた。やはり予想通りであった。誰が持ってきたのかは知らない。みんな楽しそうに食べている。彼らの笑顔がそれを物語っている。

先生方の話によると、こういう光景は、当たり前のことだという。食べ物だけでなく学用品やバス代などでもこういうことは行われているという。それは特別のことではなく、普通のこととして行われているそうだ。それは里子からの手紙でもわかる。

「今回も学用品などいただきました。近所の貧しい子どもたちにも分けてあげました。…サドニ」

「ご支援頂いている奨学金は私だけでなく親戚の人や近所の友だちにも役に立っています。奨学金でいただくたくさんの学用品は近所の貧しい人たちにもあげています。…マドシャーニ」

「貧しい家の私を助けてくださる奨学金は大変役に立っています。お母様お父様のことは一生忘れることができません。奨学金でいただくノートや鉛筆などの学用品は大きな宝物です。学用品は私だけでなく近所の貧しい友だちにもあげています。…ニルマーニ」

こんなやさしい行為が普通に行われているスリランカなのだ。

箒の目

「私の家に来てください」

彼女は私たちにそう言った。

スリランカのクールネガラのお寺で里子たちとのミーティングが終わった時のことだった。私たちはミーティングの後、里親のＳ氏の里子の家を訪問する予定になっていた。彼女の里親さんはＫ氏であり、今回の訪問にはＫ氏からの手紙だけ預かってきただけで、彼女の家を訪問する予定にはなっていなかった。このことは彼女も知っているはずだった。

時間も午後二時を過ぎていたし、いくら彼女の希望だと言っても突然訪問して迷惑でないかと心配した。彼女の父は、彼女が小さいときに亡くなっていたし、母は再婚のため彼女を置いて家を出て行ってしまい、今は祖母と二人で生活している状況なのだ。

私は通訳のナンダセーナさんに聞いてみた。

「私たちが訪問をして迷惑ではないですか」

「大丈夫ですよ」

ナンダセーナさんはいとも簡単に答えた。

家までは近いという彼女の家は遠かった。広い道路をしばらく走ってから、車一台がやっと通れるほどの小道を車は入っていった。二キロも入っただろうか。道の側に立っていた電柱がなくなった。この先に道はあるのだろうかと思ったところが彼女の家だった。椰子の葉を葺いた軒の低い家だった。こんな不便な所から足の悪い祖母は通りまでの約二キロを歩き、そこからバスに乗ってミーティング会場のお寺まで来て、私たちに会ってくれたのである。彼女たちの苦労を考えられなかった自分が恥ずかしかった。

彼女の後について庭に入って驚いた。狭い庭にはきれいに箒の目がたてられていた。家の周りには木の葉一枚落ちてなく、きれいに箒の目が付いていた。家の壁ははげ、軒の低い家の中は暗い。粗末すぎるほど粗末な家なのに、行き届いた手入れがなされていた。私たちが訪問する予定になっていればうなずけるのだが、そうではない。これは普段の状況そのままなのである。粗末で貧しい環境の中にあっても、誇りを持って生活しているのでないかと思った。だから私たちを招待してくれたのだ。そう思った。

私は別れ際に彼女の薄い土色になった制服の胸ポケットに千ルピー札を小さく畳んで入れた。お金だとわからないように。

彼女たちは私たちの車が見えなくなるまで見送ってくれていた。

修学旅行

私の前をＳＮＥＣＣ（スリランカ日本教育文化センター）の里子セパリカと歩いていた永翁さんが振り向いて言った。

「来週修学旅行があるそうですよ」

セパリカの家庭を訪問した後、ＳＮＥＣＣのスリランカセンターに向かう途中でのことであった。

彼女の家は土でできた家で狭かった。入るとベッドがあり、次の間は物置兼台所みたいな場所があるだけである。電気はない。そのせいか見るもの全てが汚れているように見える。永翁さんの話では土地はお寺から提供されたものだという。貧しい人たちにはお寺から土地などを提供されているのだそうだ。

たぶん食べる物にも苦労しているのだと思った。

そんな彼女であるが、貧しさを感じさせない明るさである。彼女は永翁とは親しく兄貴のように思っているようだった。

永翁さんはＳＮＥＣＣの職員である。日本語の教師で、お坊さん用の部屋に住んでいる。もちろん冷房はない。トイレ、シャワーはお坊さんと共用である。日本の英語専門学校を出て、スリランカに英語を勉強にきた人である。そしてスリランカに魅力を感じてここで暮らすようになった人である。Ｓ

ＮＥＣＣから出る月給は安い。でもスリランカは魅力に満ちているという。そんな人物である。

永翁さんが言った「修学旅行」という言葉で、以前ポロンナルワからキャンディに向かう車から見た修学旅行のバスのことを思い出した。

今にも壊れそうな大型バスが私たちの前を走っていた。砂埃をあげながら左右に揺れるバスの中で、立って踊っている女の子たちが見えた。バスの窓からはビニールを糸に結んで外で泳がせている男の子もいた。中の様子はわからないが、楽しんでいるのがわかった。

セパリカは旅行を楽しみにしているのだなと思いながら永翁さんと話している彼女の左右に揺れる長い髪の毛を見ていた。

私の入る余地のない二人のシンハラ語での会話が続いていたが、二人の会話の途切れに割り込んだ。

「どこに行くのですか」

「アヌラダプラ方面だそうです」

「いくらかかかるのですか」

「八百ルピーだそうです」

永翁さんの話では、修学旅行には保護者が何人か同行して食事の世話をする。宿泊場所はお寺であるが、子どもたちはこの旅行を相当楽しみにしているのだという。

そんな会話を交わしながら楽しい旅になるといいなと木漏れ日の道を歩いていた。

ＳＮＥＣＣのコーッテセンター近くに来た時だった。永翁さんが振り向いて言った。

「セパリカは行けないそうですよ。行けないのはセパリカと心臓の悪い女の子の二人だけだそうです」
今まで楽しそうに見えていたセパリカの背中が急に寂しそうに見えてきた。旅費がないのだと思った。

兄貴のように慕っている永翁さんだから行けないことを話したのだと思った。

何だか重い課題を与えられたような気がした。

その日はホテルでセパリカのことが頭を離れなかった。

結論は出た。次の日、セパリカたちの世話をしているチャンダシリ僧に三千ルピーを渡してセパリカが旅行に行けるようお願いした。

スリランカの学校では毎年修学旅行を実施している。概ね世界遺産に指定されている地域に行くようだ。学校の事情によって実施する内容が違う。富裕層の多い学校では、宿泊を伴ったり宿泊する場所も専用の宿泊施設を利用する。一方、貧困家庭の多い学校では、日帰りであったり、宿泊する場合はお寺などの施設を利用する。保護者も手伝いに参加する。食事などは材料を持参して自炊するなどである。

セパリカのような子はスリランカには大勢いる。日本の学校と交流しているキャンディのビブラブッディ学校では、遠足の費用を払えない家庭が半数はあるという。またヌワラエリヤのシャンシプラ学校でも同じだ。旅費の払えない子どもたちの分は、先生方や地域のお金持ちが負担して全員が行けるように努力しているという。安月給の先生が子どもたちのために自腹を切っているのである。それが普通に行われているのだ。

チップ

「鈴木さん、あげましたか」

いつも通訳のナンダセーナさんは出発の時に私に声をかける。荷物を運んでくれたボーイにチップをあげたかどうかの確認の言葉である。時々忘れる私を決して責めているのではない。ホテルのボーイへのチップは決まっている訳ではない。あげてもあげなくても荷物は運んでくれる。チップの額によってサービスがかわることもない。

ナンダセーナさんがこのように声をかけるのは、出発の時だけである。

私はボーイに百ルピーを渡している。チェックインとチェックアウトの時である。重いトランクを部屋から車まで運んでくれたお礼のつもりである。なにしろ私のトランクは重い。学校に渡す子どもたちの作品など一杯詰まっているからである。空港ではいつも私のトランクには「heavy」のレッテルが貼られている。

出発間際の忙しさに紛れてチップを忘れることがある。それでもボーイはなにも催促しない。表情が変わる訳でもない。

ナンダセーナさんが私にこのように声をかけるのには理由がある。それは以前彼がキャンディのクイーンズホテルでボーイをしていた経験からだ。

ボーイの月給は安いという。それだけでは生活はできない。お客からのチップが大きな収入になるのだという。そんな経験から彼はボーイへのチップを私に催促しているのだ。

私が「渡しました」というとほっとした表情をする。彼とはまったく関係のないボーイのことをいつも考えているのだ。「渡しました」と言った時の彼の表情は明るい。今日一日が楽しくなる予感がする出発である。

観光地での靴を預けるところでは、料金を必要とするところと必要ないところがある。払う必要があるところでは、大抵私が払うが、気がつかないと彼が払う。必要ないところでも彼は係りの人にいくらか渡している。彼が立て替えても私にそれを請求しない。

観光地には乞食がいる。（乞食という表現は使いたくないが）彼らに彼は何がしかを渡している。コインではなく紙幣である。

私の訪問日程が終わって彼に通訳の費用を尋ねると相場より安い値段を言う。二〇〇〇年のころは、一日千ルピーから千二百ルピーがガイドの相場であった。でも彼は七百か八百でいいと言う。なぜと聞くと、

「スリランカの人たちのために努力している人から余計にお金をいただく訳にはいきません」と、それが当然だというように言うのだ。労賃の値上げの交渉はあるが、値切る交渉なんてない。私が値上げしたら彼は拒否するような表情である。

「わかりました」

私は彼の言う額で世話になった日数分の費用を支払う。そして、別の封筒にお子さんに何か買ってあげてくださいとお金を入れて渡す。

車をチャーターすると一週間で五万ルピーくらいする。それが彼の車だとたったの二万ルピーで済むのだ。アンパーラに行った時もそうだった。

現在ガイドの仕事はあまりない。だから生活は楽ではないはずである。彼には小さい女の子が二人いる。彼はまもなく五十歳になる。

何回も通訳を彼にお願いしているけれど、一度として正規の値段で済ませたことはない。いつも正規の値段以下である。

仕事はいつもある訳ではない。だから収入が安定している訳ではないのである。それなのに、相場より安い値段で働いてくれる彼の心に学ぶことが多いのである。

これはクールネガラの里子を訪問した時のことである。私たちはお寺で里子たちと話していた。

Ｋ氏が女の子に質問した。

「お父さんは」

「小さい時に亡くなりました」

Ｋ氏は続いて

「お母さんは」と尋ねた。

「お母さんは他の男の人と結婚するために家を出て行ったそうです。それで今はおばあさんと二人で生活しているそうです」と、ナンダセーナさんが通訳した。

そういうと同時に彼は横を向いた。彼の大きな目には涙がいっぱいたまっていた。

私は彼が幼かった頃の自分と今の彼女の環境を重ね合わせているると思った。

彼のことについて少し書いておこう。

初めて彼と出会ったのは、私の四回目のスリランカ訪問の時かもしれない。その後スリランカを訪問する度に彼を通訳に指名している。それはチャンダシリお坊さんの推薦も関係しているが彼の生き方に惹かれるものがあるからである。

彼は若い頃、大阪の中華料理店で夕方から調理の手伝いをして学費を稼ぎながら、昼間は日本語学校に通い日本語を勉強した。そして帰国後、ガイドの資格を取った人だ。その苦労たるや相当のものだったらしい。何回も途中で挫折しそうになったが、ここで諦めては将来はないと思い頑張ったそうだ。

彼の人柄は私に話しかけてくる内容でもわかる。

ホテルでの夕食はいつも彼と一緒だ。その時彼はいろいろな話をしてくれる。その中で彼の生い立ちについて聞いた話がある。

彼の家は兄弟も多く、大変貧しかったらしい。食べるものも満足に食べられなかったようだ。そんな中、彼は親戚の家に引き取られることになったという。まだ小学生の頃だ。その親戚の家も貧しかったのであろうが、彼にとって耐えられないほどの待遇をうけたそうだ。彼も随分我慢したが、耐えられず親戚の家を飛び出し母のいる実家に帰ったそうだ。

母親は

「どんなに苦しくても、ここで一緒に暮らそうね」と

涙を流しながら彼を抱きしめたという。

そんな経験が彼の人生観を作り上げているのかもしれない。

もう、彼と会わなくなってから十年以上になる。先日、ＳＮＥＣＣを訪問した時に、ナンダセーナさんは元気だとハルシャさんから聞いた。機会があれば彼にまた会いたいと思っている。二人の女の子も大きくなっているだろう。

もう一度一緒に旅のサポートをしてほしい人の一人である。

無言

今まで私たちはＣＰＩの里子たちの卒業後の生活を調べたことがなかった。私たちの支援効果を確かめるためにも、調査は必要だった。

そこでＣＰＩ事務局長のＹさんと二人で里子たちの調査に出かけた。卒業した里子もいれば、まだ学生の里子もいる。同行した通訳は、何回かお世話になっているアリヤパーラさんである。五十歳は過ぎているベテランの通訳である。

この日は、ヌラワエリヤのシャンシプラ学校の十一年生の里子にインタビューすることになっていた。校長はソービタ僧である。何回も訪問しているので格別の遠慮もなく里子を呼んでもらい、校長室でインタビューを始めた。

彼女は白のブラウスの上に紺色のカーディガンを着ていた。ここはスリランカの学校の中で一番高地にある学校だ。

校長室で、私たち男二人と通訳を前にした里子はやや緊張の面持ちであった。

家での勉強の様子や将来の希望などについて聞いていた。

このころのスリランカでは、電気も電話もない学校が多かった。テレビは村に一台あるかないか程度であった。この学校も電気はなく、まして電話などなかった。この日に訪問する旨を伝えるのにも、この学校に電話がなく連絡に苦労したとチャンダシリ僧が言っていたほどだ。

インタビューは私とYさんが事前に準備した項目に従って質問していた。

話題が電気のことになったので、彼女に電気のことを聞こうと思ったところ、Yさんが先に聞いた。

「家に電気はありますか」

通訳のアリヤパーラさんは何の反応も示さなかった。

もう一度Yさんが聞いた。

「電気は入っていますか」

アリパラさんはまるで聞こえていないように身じろぎもせず何の反応も示さなかった。彼に通訳を催促することなしにこの質問は終わった。結局、彼女の家に電気がきているかどうかはわからずじまいだった。

この時、Yさんも私もなぜアリヤパーラさんが通訳しなかったのかわからなかった。

この後、何問か聞いてインタピューは終わった。

この日は彼女へのインタビューが最後だった。インタビューが終わり、この日の宿泊地キンディに向かった。

アリヤパーラさんが種明かしをしたのは、たぶん車の中だったと

思う。大きな体に大きなナスのような顔を載せた彼は、見るからにいかめしい顔をしている。いつも表情を変えずに会話する。この時もそうだった。

突然彼は言った。

「あんな失礼なことは聞けませんでした」

私たちはすぐあの電気のことだとわかった。

この言葉は単に質問したYさんに向けられた言葉ではなく、私にも向けられた言葉だと思った。電気のことだけでなく、他の質問にも向けられた言葉であった。

表情からして叱られているようだった。今まで何も考えずにただ聞きたいことを聞いてきたが、この一言で自分たちが相手の気持ちも考えずに自分本位で行動していたかを考えさせられた言葉であった。

彼の「失礼」という言葉には、一人の人間としての尊厳を意識しての言葉である。小さい子どもでも一人の人間として接している彼に教えられた出来事であった。

キャンディでのホテルはスイスホテルが私たちの定宿であった。今までSNECCのチャンダシリ僧にお願いして予約してもらっていた。チャンダシリ僧の顔であろうか。スイートルームのような部屋に案内されたこともあった。

電気のインタビューのあったこの日は、予約をしていなかった。アリヤパーラさんに任せていたのだ。

彼は私たちに言った。

「スイスはもったいないです。安いホテルにしましょう」

私たちはお任せした。案内されたホテルは山の中腹にある小さなホテルだった。ただ寝られるだけの粗末なホテルだった。なぜ彼がこのホテルに決めたのかわからない。まさかお仕置きなのか。朝食はトーストと玉子焼だけだった。一方スイスだったら比較にならないほどの待遇だ。スイスの方が彼も快適なのに。このことも彼から教えられた出来事であった。

ディサナヤカ先生

「これはなんだか分かりますか」

ディサナヤカ先生が私たちに見せたのは、何かの化石のような白い大きな塊であった。

ここは、デイサナヤカ先生の自宅である。化石のようなものは、鯨のどこかの化石のようだが、見当がつかなかった。

彼の部屋の中には、彼が、理科系の先生であることを思わせるようなものが、あちこちに置いてあった。彼は独身である。恰幅のいい体格に白髪であり、白い上下の服を着ている。彼の様子から七十歳は超えているように見えるが実年齢は不明である。

彼が私たちに見せてくれたのは、象の顎の部分の下顎だった。磨り減った歯のようなものがあった。大きい塊であったが、骨には隙間があり軽そうに見えた。

この日、私とYさんは里子たちの調査のため、キャンディ地域の里子担当の彼に案内をお願いしたのである。

私たちは彼と何度か会っているが、詳しい経歴は知らない。元教頭先生でキャンディの里子たちの世話役だというくらいしか知らない。彼が里子の家庭や学校を訪問すると、まるで来賓のような対応をされている。それだけ彼は、地域の人たちから、信頼され尊敬されているのである。

キャンディは最後の王朝のあった都市で、仏歯寺など歴史的にも重要な都市である。学校の数も非常に多い。にもかかわらず、どの地域でも、彼に対する地域の人たちの尊敬の念は、共通している。また、こんなに広いキャンディの地域の里子たちのことをよく知っている。担任の先生でもこんなに詳しく知っている担任はいないと思うほどである。家族構成や父親の収入がどの程度か、どの教科が得意か将来の夢など詳しく知っている。それが、一人や二人なら分かるが、大勢の子どもたちや家族たちのことを知っているのである。

彼は、詳しいことは、語らなかったが、貧しい家庭の子どもたちに、自腹で支援しているのは確かである。教師の給料は、非常に安い。その安い給料の中から子どもたちを支援している教師は多い。

スリランカの教師の多くは、彼のように貧しい子どもたちを何らかの形で支援している。

キャンディのある学校を訪問した時、教頭先生が私たちに話してくれた。スリランカでは、朝礼がある。その朝礼の最中に、立っていることができず、倒れてしまう子どもが大勢いるという。理由は、食べ物もろくに食べることができず登校しているからだという。食べ物さえろくに食べられない子どもたちは、学用品を買うお金はもちろんない。そんな子どもたちに、先生方は、食べ物を自宅から持参したり、学用品を買ってあげたりしているのである。

また、学校では、先生方が、放課後も補習授業をしている。もちろん無償である。

現在、スリランカでは、塾が流行している。有名な塾の講師が開く塾には、多くの子どもたちが集まり、その費用も高い。ほとんどの子どもたちが塾に通っている。塾に参加できない子どもたちは、塾に参加している子どもたちには太刀打ちできない。

スリランカでは、五年生の時に、政府による学校選抜試験（奨学金試験）がある。この試験に合格するとより優秀な学校に転校できる。また、中学卒業時のＯＬ試験と高校卒業時のＡＬ試験がある。この試験に合格できなければ進学はできない。塾に通っていなければ合格するのは難しい。点数によって進路が決められてしまうのだ。

でも貧しい家庭の子どもたちは塾には通えない。そんな貧しい子どもたちのために、先生方は、無償で子どもたちを教えている。教師の勤務時間は、始業時間から、終業時間までおよそ六時間であり、午後二時頃には解放される。解放された後、先生方は子どもたちのために無報酬で補修授業をしているのである。詳しくは別項で書く。

コーッテの女の教頭先生だが、学校が終わってから、自宅近くで、塾に行けない子どもたちに無償で数学の指導をしている。ディサナヤカ先生のような先生は大勢いる。そんな先生方とゆっくり話してみたいと思っている。

ディサナヤカ先生と会わなくなってから十数年は経過している。彼はまだ元気だろうか。キャンディのどこかでばったり出会えるような気がしている。その時私を思い出してくれるだろうか心配である。

ガミニ校長

二〇〇八年の奨学金授与式の時だった。ミームレから校長先生が里子たちを引率して来ているとメルビン氏が私に言った。何でもバスのない道を里子家族を連れて二十キロ近く歩いて、そこからバスを乗り継いで来たという話だった。

すごい校長先生だと思って昼食の時、メルビン氏に所在を確かめ会いに行った。想像していた姿と違って里子の父親と変わらない姿だった。その時は通訳もいなかったのでただ挨拶しただけだった。

ミームレという地域にはメルビン氏も行ったことがないというので、ぜひ訪問したいと思っていた。その後、彼がミームレの里子の家庭を訪問する機会があった。彼の話だと、凸凹道なので車の底がついて走れなくなり、車をそこに置いて、三輪車がやっと通れるような道を二時間くらい行ったところにあるという話であった。

次の年、図書を寄贈してくれた方がいて、ミームレの学校に寄贈することになった。アマラワンサ僧を連れて六人で学校を訪問した。キャンディから車で二時間ほど走ったところで三輪車に乗り換えて、山の細い道に入って行った。

十万円分の寄贈された図書だから大きいダンボール一つだ。三輪車に大きな図書のダンボールとその脇の僅かな隙間に私一人が乗って先に出発した。話に聞いていたが、それ以上の悪路であり、三輪車が道の凸凹を避ける度に図書の箱が落ちそうになるがそれを押さえる余裕もない。こっちが落ちそうである。なにしろハンドルを右や左に切りながらの走りである。ドライバーは、この凸凹道をびっくりするくらいのスピードで走るのである。

悪戦苦闘すること約二時間。やっと学校に着いた。学校には、全校児童が一列になって迎えに出ていた。二十名くらいの子どもたちであった。

私が到着してから三十分も経っただろうか。やっと後続の三輪車が到着した。なんと五人が一台の三輪車に乗ってきたのである。途中メルビン氏が三輪車を押したり持ち上げたりしてやっと到着したという。

校長先生の話によると、この学校は、廃校寸前だったそうだ。廃校になればこの地域に住んでいる子どもたちの通う学校は遠くなり、通うのは大変なので、結局学校に通わなくなる。そんな状況を立て直したのが、この校長先生なのである。

今でも、教員は足りない。足りない分は校長先生が授業をしている。

辺鄙なところだからバスも通らず先生方は通勤する術がない。だから教員も赴任したがらない。校長先生は学校に寝泊まりしているのだ。単身赴任だ。

住まいを拝見した。間口一間半、奥行き三間くらいの教室の隣の部屋にベッドが二つあり、ここで寝泊まりしているのだ。台所も拝見した。ただ竈と棚があるだけの炊事場だ。

こんなところに奉職している校長先生に魅力を感じ、機会を見つけて詳しい話を聞こうと思っていた。

そんな機会がやっと訪れた。

その日は二〇一四年七月二十九日火曜日。

学校が終わってから私の泊まっているホテルまで校長先生は来てくれた。学校から三輪車ならバス通りまで二時間、そこからバスで二時間。学校が終わってからわざわざホテルまで来てくれたのだ。

彼がホテルに着いたのは午後六時過ぎだった。レストランで食事をしながらインタビューをしようと考えていたが、レストランは七時がオープンだ。しかたがないのでロビーでインタビューすることにした。

校長先生はお酒が好きだというので、コスモス奨学金副代表の野口氏が日本酒と焼酎を準備してくれた。それをメルビンと私が手分けして持参した。

どっちが好きだったかは後にして、彼にインタビューした内容を書こう。

名前は、A.M.K.G.Gamini Abhayarathng
一九六四年七月三十日生。

家族は妻と十四歳と十二歳の娘。専門は数学。二〇二四年七月三十日に退職予定。

月給は二万二千ルピー。他に手当が付く。趣味は歴史関係の読書。

生徒数は二十人。教師は四人。現在三教科の教員が不足している。

学校は七時三十分から一時三十分までだが、ガーミニ校長の学校は、終業時刻を三時三十分まで延長している。延長した時間は指導教師のいない教科の指導にあたっている。

こんな劣悪な環境の中で何度も校長を辞めようと思っていた彼が、学校を立て直した経緯について伺ってみた。

黒柳徹子著「窓際のトットちゃん」に影響を受けたというので、そのことについても伺ってみた。トットちゃんに登場する小林先生のなんでも経験させる勇気のある経営に驚いたそうだ。トイレに財布を落としたトットちゃんへの対応、電車で教室を作る、子どもに考えさせる、自由な発想での教育などに刺激を受けたそうだ。

そして、自分もこのような経営をしてミームレの村を変え、子どもたちのためにがんばろうと思ったそうだ。

現在のミームレの村は変わってきているが、家が貧しいために子どもを学校に通わせずに働かせるなど、まだ変えなければいけない課題が多い。そのために次代を担う子どもたちを育てたい。学力をつけて新しい考え方を持つ子どもたちを育てたい。そして、このミームレの村を変容させる子どもたちを育てたい。そう言って彼は最後に

「自分はミームレの村に生まれ育ち世間知らずだったが、学力をつけることにより、広い視野を持つことができた。そんな子どもたちを育てたい。」と結んだ。

（※「窓際のトットちゃん」はシンハラ語に翻訳されている）

インタビーが終わり、レストランで乾杯しようと思ったら、この日は祝日でアルコールは提供できないという。切角の機会なのにと困っていたら、アルコールは部屋には提供できるという。それで急遽、今回スリランカ訪問に同行した九人も私の狭い部屋に集まり懇談することになった。

野口氏提供のお酒と焼酎を試飲してもらったら、焼酎の方が好きだという。私の持参したイカの燻

製はおいしいという。

部屋で歓談した後、レストランで夕食。彼はレストランでの食事は初めてなので緊張したが、みんなと歓談できたことは一生の思い出だと言ってくれた。

その後、野口氏が校長に会いたいというので、次の年、キャンディのセレナホテルで再会した。彼の話しぶりから、改革の情熱が更に強くなったように感じた。

野口氏が「窓際のトットちゃん」の作者黒柳氏にガーミニ校長のことを手紙で知らせたが、まだ返事がない。彼女にとっては同じようなケースがいっぱいあって彼女の心を動かさなかったのかもしれない。

次回会う時は、ガーミニ校長の奥さんと娘さん二人も招待しようと思っている。もちろん焼酎とイカの燻製持参である。

いちばんよい職業

クールネガラのイータナワッタ学校を訪問したのは、あるお寺からの寄付で子どもたち用の本を寄贈するためであった。十万円相当の本は大きなダンポール一個と小さなダンボール一個に入っていた。大きなダンボールは一人ではとても持てない重さであった。

私たちを歓迎するセレモニーは普段は教室として使われている場所で行われた。日本でも昔は教室の境を取り外して集会として使っていた。同じである。

校長先生の長いスピーチの後、本の贈呈が行われた。大きなダンボールはとても持てないので図書の一部だけを渡した。

スリランカの学校では図書室があるところは少なく、粗末な棚に僅かな本しか置いてない学校が多い。書棚もない学校も多い。

贈呈が終わった後、中年の教師からスピーチがあった。このスピーチは私の予期しない内容であった。

この学校には私達が運営している「コスモス奨学金」の里子四人が在籍している。「コスモス奨学金」を子どもたちに紹介したのはこの教師である。スピーチで彼は言った。

「外国からの奨学金制度はスリランカには多く存在する。その中でコスモス奨学金ほど信頼でき、充実した奨学金制度はない」

そう言ったのだ。コスモス奨学金の代表の私が目の前にいたからお世辞で言ったのか、本当にそう思って言ったのか不明であったがうれしかった。

セレモニーの後、子どもたちによるショーがあった。歌やダンスなどが披露された。きっと、私たちのためにずいぶん練習したに違いない。衣装など粗末なものであったが、自信を持って演技していた。なにより表情がいい。

この学校には貧しい家庭の子どもたちが多いので先生方は、生活面まで面倒を見ているという。

スリランカでは五年生の時に政府の学校選抜試験（奨学金試験）がある。奨学金試験というには語弊がある。この試験に合格しても奨学金はほんの僅かな子どもにしか支給されないからだ。ただこの試験に合格すると設備の整ったよい学校に転校できるのだ。

イータナワッタ学校では、今までこの奨学金試験に合格した子どもが一人もいなかったそうだ。それで校長先生以下先生方が努力してこの地域で一番多くの合格者を出すまでになったという。

この日はこの学校のコスモス奨学生の家庭を訪問することになっていた。道案内はスピーチをした先生であった。オートバイで私たちを先導してくれた。

最初に訪問したのは、シトミニという奨学生の家であった。彼女は母親と二人で叔父の家で生活していた。叔父にも子どもがいて専用の勉強する机がない。叔父の家も小さく、遠慮しながら生活しているようであった。

自分たちの家を建設中だというので見せてもらった。母親の収入ではとても家を建てられる状況でないので、先生方も支援してくれているというのである。レンガで建設中の家は、屋根はまだなく、家の周りにある生い茂った草が長い間手がつけられていないことを物語っていた。

シトミニは痩身で表情も暗く見えた。それは彼女の環境を知ったからかもしれない。

帰る時、もう一度、田んぼの向こうに見える草に覆われたレンガ作りの家を見送りながら、いつこの家は完成するのかと思った。

それから二年後、シトミニの里親Sさんと彼女の家を訪問した。初めて里親と会う喜びは彼女の表情に出ていたが、陰のある感じだった。この時も新築中の家は、草に覆われていたままだった。

三年後、里親Sさん夫妻と再度彼女の家を訪問した。叔父の家から私たちを出迎えたシトミニの表情がまるで違っていた。別人のように明るいのである。

彼女は私たちを草深いレンガ作りの家の方に案内した。先頭に立った彼女は、流暢な英語でいろいろ話しかけてくるのである。今までの彼女は私たちの問には答えるが、自分から話しかけることはなかった。前の陰のあるような感じはまったくない。全身から喜びを発しているのである。

その理由がわかったのは、すぐだった。田んぼ沿いの道から草に覆われていた建築中断だった彼女の家が見えた。屋根がある。窓もある。草など見当たらない。完成していたのだ。

中に入ると、女の子らしい装飾がされた部屋があった。彼女が私たちを案内したのは、長年夢だった自分の家をみんなに見せたかったに違いない。

この家は彼女の母親の資金で建てたのではない。ほとんどが外部からの支援なのだ。村人たちや先生方などが関わっているのだ。

最初に彼女の家を訪問した時に、メルビン氏から先生方が支援しているという話は聞いていた。スリランカでは先生方の存在が日本とは大きく違うのだ。だから尊敬の対象になっているのかもしれない。

後のことだが、私たちを里子の家まで案内してくれたイータナワッタ学校の先生にインタビューした時、支援のことを聞いてみた。先生方は毎月、子どもたちの支援のために積立をしているのだという。この家は、その積立から支出しているのだそうだ。

シトミニの明るさは、新築の家のせいだけではなかったのではないかと思う。それは、彼女は地域の成績優秀者として表彰されているのだ。その写真も見せてもらった。

里親さんと話している時の積極的な会話と笑顔。そんな彼女の驚くべき変容は、地域や先生方の支援と里親さんからの奨学金が大きな力になったのだと実感した出来事だった。

オートバイの先生のことを書いておこう。彼にインタビューしたのは、二〇一四年八月一日クールネガラのキャンディアン・リーチホテルである。メルビン氏に通訳をお願いして夕食を摂りながら実施した。

彼の名前はI.G.P.W.Palapathwala。三十九歳。教師歴十一年。専門は宗教。妻と四歳の娘と二歳の息子がいる。月給は一万七千ルピー。イータナワッタ学校の生徒数は約三百人。教師は三十八人。貧しい子どもたちの割合は約五十パーセント。先生方は生徒などの緊急な支援のため給料日に積立をして対応している。前に登場したシトミニの家の建設にも関わっている。子どもたちの助け合い（学用品や弁当など）は普通に行われている。ただ異性間の助け合い見られない。先生方も子どもたちと同じような支援をしている。放課後一時から五時まで学校で補習授業をしている。今まで政府の学校選抜試験（奨学金試験）に合格した生徒はいなかったが、現在は地域で一番多くの合格者を出している。補習はもちろん無料である。放課後の補習は多くの学校で実施している。アルバイトで塾を開いている教師はいない。

彼は最後に言った。

「教師という一番よい職業に就けてうれしい。これからも子どものために尽力したい。」と。

お母様お父様

父親と母親を併記するとき、どちらを先に書くだろうか。たぶん日本人なら父の方を先に書くだろう。「父母」と書くし「母父」とは書かない。日本人の中には無意識の中に父親の方の立場が上という意識があるのかもしれない。

里子達の手紙を翻訳していて気がついたのだか、里親が夫妻の場合、ほとんど「愛するお母様お父様」で始まる。「愛するお父様お母様」ではないのである。最初は口述翻訳をしているサジーさんの間違いだと思ったが、確認すると間違いなくお母様が先にきているのである。

そのことが何に起因しているか興味があったのでいろいろ調べてみた。

私たちが里子の家庭を訪問した時、大抵母親と里子が一緒に私たちに対応してくれる。父親がいても隅にいるか、椰子の樹に登って椰子を落としてジュースを作っていたりして、会話の場には姿を見せない。だから、私たちと直接話すこともほとんどない。従僕のようである。

家庭では父親の存在が薄いのかと思ったら実際は違うのである。一番上の存在なのである。客人がいてご飯を食べる時は父親と一緒で母親は同席しない。父親より先にご飯を食べることもしない。父親の存在は大きいのである。それなのになぜ「お母様お父様」なのだろうか。スリランカ人のサジーさんや旦那のメルビン氏に聞いても明確な答えは返ってこない。

スリランカの言語シンハラ語では、母のことをアンマーという。アンマーという言葉は単なる母という意味だけでなく、特別な意味を持っている。スリランカでは、母は四つの大事な心の四無量心（広大ではかりしれない心）を持っていると言われている。メッタ（慈悲）、ムディタ（他者を幸福にする喜び）、カルナ（他者の苦しみに対する同情）、ウベクシャ（とらわれの心を捨てる）の四つの心である。また、「家庭の仏様は母」「お寺の仏様はブッダ」ともいわれている。こんなことも母親が先に来ることに関係しているのかもしれない。

アチニという女の子の書いた詩がある。

「暗い人生を明るくしてくださるのがお母様
メッタ　ムディタ　カルナの香りいっぱいのお母様
優しい心を教えてくださったのはお母様
いつもお母様の足元に跪き拝みます」

スリランカでは、習慣上父親を立てているが、心の中では母親を父親以上の仏のような存在として敬愛しているのではないかと思う。だから、「お母様お父様」なのだと。

デービンドとシトミニの書いた詩を紹介しよう。

あふれるお母様の愛

デービンド

十か月もの間　お腹の中で育み
この世界に誕生させてくださり
ご自分の血をお乳にして
飲ませてくださった愛するお母様

愛情いっぱいの優しさで
お母様の腕の中で育てられ
病気になった時の私を
涙を流しながら看病してくださったお母様

いつもおいしいご飯を作ってくださり
ご自分は食べないで私に食べさせ
元気な子どもに育てようと
大変な思いをされたお母様

優しい子守唄を歌いながら
私を寝かせてくださったお母様
そこにはあふれるほどの
お母様の愛の河が流れていた

遊んでいる私を
見守ってくださった
お母様の笑顔は
深い愛に満ちていた

毎日朝早く起き
かまどに火をつけ
私を学校に行かせるために
ご苦労をされているお母様

学校で勉強して
私が家に帰るまで
門のところに佇み

私の帰りを待っていてくださるお母様

希望を叶えようと
努力している私に
いつもあたたかい愛と
励ましをくださるお母様

変わらぬ愛と
美しい笑顔と
あふれる優しさを
お乳にして飲ませてくださったお母様

家を明るくするランプのように
私の生活を明るくし
希望を与えてくださる
神様のようなお母様

愛のあふれるお乳で育て

その手で私をきれいにしてくださった
愛とやさしさのお母様への恩返しは
またお母様の子として生まれること

お母様のあふれる愛は
永遠に変わらない
お母様は家の仏様
来世のお母様は仏様

お母様

シトミニ

十か月もの間　お腹の中で私を育ててくださったお母様
赤い血を白いミルクにして　飲ませてくださったお母様
苦しい時も楽しい時も　いつもそばにいてくださったお母様

忘れることのできない　思い出をくださったお母様

私の汚れた体を　ご自分の手で　きれいにしてくださったお母様
正しい生き方をご自分の姿で　示してくださったお母様
言葉で表せないほど　すばらしいお母様
足元に跪き尊敬の気持ちを捧げるお母様

苦しみの多い生活の中で
私を学校に通わせるために　ご苦労なされたお母様
いつも私にやさしい言葉をかけてくださるお母様
いつまでも私を見守ってくださるお母様

言葉で表せないほどの大変な思いをされて
私を産んでくださったお母様
私の生活に明るいランプを灯してくださったお母様
ご自分の血で私に生きる勇気を与えてくださったお母様
世界中が輝くような明るい笑顔のお母様

デービンドもシトミニも女の子だ。デービンドは四姉妹の末っ子で経済的に苦しい生活をしている。父親の稼ぎでは生活できないので、母親はアラブに家政婦として出稼ぎに行っている。シトミニは母子家庭の子で、叔父の家に母子とも世話になっている。叔父の家にも子どもがいるので自分の勉強する部屋も机もない生活をしている。そんな生活の中で、母親への思いを詩にしたものだ。

父親には申し訳ないが、母親の存在がいかに大きいかわかる。でも決して父親の存在が薄い訳ではない。母親に対する尊敬の念と同じように父親にも持っているのである。

父親の詩も紹介しておこう。

「太陽とお月様のように
私の生活を明るくしてくださったお父様
親切で優しい心一杯のお父様
心からよい香りを醸し出すお父様
いつもお父様の足元に花を供えます」

神様

スリランカはシンハラ人が多いので、ほとんどが仏教徒である。私たちが関係している里子たちのほとんどが仏教徒であるが、中にはキリスト教徒やヒンズー教徒もいる。仏教徒といっても神様も信じている。カタラガマやスリーパダという聖地があるが、そこは仏教徒だけでなくすべての宗教の聖地である。そこにはさまざまな神様が祭られており、仏教徒のシンハラ人もお参りしている。

ある書物によると仏教徒は仏様に保護を求め、神様に助けを求めるという。彼らは仏様だけでなく神様も信じている。学問の神様、芸術の神様、成長の神様などたくさんの神様が存在し信じている。そして人生の節目に仏様や神様に保護や助けを求めている。彼らの生活に仏様や神様が密接に関係しているのである。

ところで、子どもたちの手紙の中に神様という言葉がしばしば登場する。子どもたちの仏様と神様のとらえ方は違っているようだ。里親さんのことを神様のようだとは言うが仏様のようだとは言わない。神様は現実に手を差し伸べて助けてくれる存在なのかもしれない。

最初は手紙に神様が登場し変な感じがしたが、彼らは仏様と神様の役割を明確に分けているのだと思う。

子どもたちは自分を支援してくれる里親さんたちを本当の神様だと思っている。それは間違いがない。純粋にそう思っているのだ。
いくつかの里子たちの手紙をあげてみよう。
「お母様お父様がくださった奨学金は神様と同じ存在です。大きな宝物です。このようなご支援をくださる神様のようなお二人のことは一生忘れることができません。
荒れた海の中を
ボートで渡る私を
お母様お父様は櫂になって
私を助けてくださいました

美しい太陽と同じように
私の生活を明るくしてくださった
お二人のことを
いつまでも忘れることができません」（ビマーニ）
「私たち家族は亡くなった母親のことが忘れられず悲しんでいます。母親が亡くなったことを忘れられるのは、日本にお母様がいらっしゃることを思い出す時です。実際にお会いしたことはありませんが、いつも私と一緒にいてくださいます。そして生きる勇気を与えてくださいます。お母様は神様で

す。…いつも学用品を使うときお母様のことを思い出します。お母様が働いたお金でくださる奨学金です。」（アチニ）

「私は貧しい地域のポロンナルワに住んでいます。一年の半分は日照りが続き、飲む水もありません。残りの半分は大雨が降り洪水で大変です。…ご飯も食べられない日が多いです。朝昼晩食べ物のない日がありました。でもOL試験に合格して有名な学校に入学できました。…二〇一三年八月十五日は忘れることのできない日です。それはコスモス奨学金が私たちを助けてくださった日だからです。コスモス奨学金の神様が助けてくださり大変うれしいです。」（ナンダナ）

「私のところにメルビンさんがいらっしゃって、お母様のことを教えてくださいました。私のような貧しい娘を助けてくださる神様は、コスモス奨学金代表の先生と里親様たちです。」（タルシ）

「来年お母様の息子様にお会いしたいです。お母様は神様です。心優しく親切なお母様と出会えたのは仏様のお陰です」（スサンタ）

「あと一年数ヶ月で大事な試験があります。一生懸命勉強してよい成績をとります。父親のいない私にとって日本のお母様お父様は神様と同じです。コスモス奨学金代表の先生も神様です。毎年私の家を訪問してくださいます。」（マルシカ）

「お父様からのお手紙いただきました。またたくさんのお土産もいただき感謝の気持ちでいっぱいです。今までこのようなお土産をいただいたことはありません。お父様は神様です。」（ウインディ）

子どもたちは朝晩、花を供え、ランプを点し仏様を拝む。学校に行く時は父親母親を拝む。それは日常行われていることだ。

里子は里親さんの写真を机の上や机の前の壁に飾ってある。とにかく大事にしている。その写真に向かっても両親と同じように、朝晩拝んでいるのである。

「…お母様は沖縄の踊りのプロだとお聞きしました。いつか私たちにその踊りを見せてください。私は朝晩、お母様の写真を拝んでいます。お母様とご家族様のお幸せをお祈りします。」（プシュパマリ）

こんな詩も書いている。ここでの「お母様お父様」は日本のお母様お父様のことである。

愛の香り

アチニ

愛の香りを漂わせて咲く花はお母様
私は両手でその美しい花を摘む

私はいつもお母様お父様の足元に跪いて拝む
お母様お父様は私にとってお星様と同じ
暗い世界を明るく照らすお月様はお母様
私の生活を明るくするのもお母様
そして世界の神様になるお母様

私にたくさんのことを教えてくださるお父様
オイルランプを灯してくださったお父様
私はいつまでもお父様を愛している
来世もお父様と出会えるようお祈りする

世界を明るくする月のようなお母様
空から降る恵みの雨もお母様のお陰
涼しい朝に虹となってくださるお母様
来世でも本当のお母様になってくださるお母様

「父は近所の田んぼを借りて農業をしていますが、三食食べることもできない状況です。…私は勉強が大好きですが、経済的な理由で学校に行くための学用品を買えなくて毎日泣いていました。そんな時、ずっと雨の降らなかった砂漠に急に降り出した雨と同じようにコスモス奨学金をいただきました。…私は将来医者になる夢を持っています。その夢を叶えるためにお姉さんが私を神様のように助けてくださいました。お姉さんは私にとって本当の神様と同じ存在です。」(イマーシャ)

宝物

スリランカを訪問するたびに五〇軒くらいの里子たちの家庭を訪問する。別れ際には家族全員の写真を撮るのが通例である。

里子たちの成長は早い。一年ぶりに会う子どもはずいぶん大きくなっている。どの里子も幼かった表情も消え体格ばかりでなく行動も考え方も成長している。

訪問後に見せる里子たちの表情は、訪問した時とは明らかに違っている。最初に里親さんに見せたうれしそうな表情はなくなっているのである。

里子ミヒリの家の入口で家族との記念写真を撮り終わって、里親のO氏が最後の別れの挨拶をして歩きだそうとした時だった。

私の右にいた里子の母親が涙ぐんだのがわかった。今にも泣き出しそうであった。多分自分の気持ちを充分伝えられずに別れなければならないことを辛いと思ったに違いない。言葉が通じても自分の気持ちを十分に伝えることは難しい。里子も最初の表情とは明らかに違っていた。私はもう彼らを見る勇気がなかった。

帰国後、この里子から里親O氏へ手紙が届いた。その手紙を紹介しよう。

「心から愛するお母様へ

長いスリランカの旅も終わり無事に日本に帰られたと思います。スリランカの印象はいかがだったでしょうか。お母様がスリランカにいらっしゃるのは私の夢の一つでした。お母様がスリランカにいらっしゃる日を楽しみにしていました。お忙しい中、私のためにスリランカまでおいでいただき心から感謝いたします。お母様とお会いした日のことは一生忘れることができません。遠い日本からスリランカまでいらっしゃってくださり、その上、遠いキャンディの私の家までいらっしゃってくださり、とてもうれしいです。代表の先生や里親様たちが貧しい私の家を訪問してくださったのは何よりうれしいことです。このような日がいつ来るかと思っていましたが、その夢が叶えられ、お母様と代表の先生に感謝の言葉がありません。

お母様のお陰でスリランカのトップクラスの学校に入学できました。奨学金は私にとって大事な宝物です。私の将来を明るくしてくださったコスモスのランプはいつも私に明るい光を届けてくれました。奨学金は私に大きな力を与えてくださいました。奨学金から力をいただき将来のため最後まで勉強を頑張りたいです。

…お母様が私の家を訪問してお帰りになる時、私は泣いてしまいました。またいつお母様にお会いできるかと思ったからです。私の愛するお母様はまた私に会いにいらっしゃってくださると思います。家にいらっしゃった時のたくさんのプレゼントありがとうございました。とてもきれいなものばかりでした。…お母様ご家族の皆様に仏様のご加護がありますようにお祈りいたします。心から愛する娘ミヒリ」

里子達からの手紙は、サジーさんが口述翻訳するのを私がメモし、その後、パソコンで清書する。翻訳は大変だが、翻訳することで里子たちの気持ちが把握できる良さがある。

次の手紙は、里親N氏の里子から来たものである。

「愛するお二人のことをいつも思い出しています。お二人が私の家から帰られてから私は泣いてしまいました。お二人とお別れするのが悲しかったからです。私の両親も泣いていました。お二人に出会えたのは神様がくださった宝物です。」（アブサラ）

「別れるとき涙が出てしまいました。家族も同じでした。お会いするときはうれしいですが、お別れするときがつらいです。」（サンギット）

里子たちは自分の里親さんに会いたがっているし自分の家にも来てほしいと思っている。どんなに貧しい家庭であっても我が家に来てくれただけでうれしいのだ。遠い日本からわざわざ我が家まできてくれたのだ。それが彼らにはうれしいのだ。里親さんは彼らにとって特別な存在なのだ。単なる支援者ではないのである。

彼らは里親さんたちにどう接していいのか迷っている。それが彼らの戸惑いがちな行動でわかる。訪問してくれた喜びをどう表現していいか迷っている。ぎこちない言動ではあるが、そこには彼らの純粋な精一杯の感謝と歓迎の感情があるのである。

別れ際に彼らが見せる脱力したような格好やこわばった表情から彼らの別れを惜しむ気持ちが伝わってくる。

これはコロンボの空港で里親I氏を出迎えた時の里子の手紙だ。

「空港でお父様にお会いし、うれしくて涙が出てしまいました。一生忘れることができません。」（ビベーカ）

こんな手紙もある。

「お母様が私の家にいらっしゃったとき、サジーさんがよく通訳したくれました。生活のことまで聞いてくださり感謝しています。車まで見送りに行った私に「気をつけてお帰りなさい」とおっしゃってくださった言葉を忘れることができません。お別れして涙が出てしまいました。家ではいつもお母様のことを話しています。」（マドニ）

里子の家を訪問した後、私たちの乗ってきた車まで見送りに来る里子家族は多い。私一人で訪問しても同じだ。

ある里子の家を私一人で訪問した時、里子の家まで車で入れなく、二十分ほど坂道を登って里子の家に行った。その帰りだ。里子の家族が車まで私を送ってきた。彼等は往復四十分歩くことになるのだ。私は里子の里親ではない。それなのに遠くまで送ってくれたのである。この女の子は、里親さんの写真と自分の写真を合成して一枚の写真にして飾ってあった。メルビン氏が冗談に「里親さんがここに来たことがある」とこの写真を私に見せたほどきれいに合成されていた写真であった。

日本のお母様お父様

ゴールから近いと思っていたS氏の里子の家は遠かった。ホテルを八時に出て、里子の家に着いたのは十一時近かった。里子の家庭は母親と弟の三人の家族だ。彼女の通っている学校は有名な学校で彼女は優秀な成績を上げている。家庭学習は四時間。将来の希望は貧しい子どもたちを助ける医者になることだ。

里子の親子は、次の日に行われるコスモス奨学金授与式に出席することになっていた。彼女の家からクラワラナのコスモスセンターのお寺までは交通費も時間もかかる。メルビン氏の提案で私たちのバスでセンターまで一緒に行くことになった。

バスの中では里親のS氏と同席になり、うれしそうに話していた。途中の高速のパーキングでは昼食を摂った。母親の手には五百ルピーと思われる紙幣が右手の指の隙間から見えていた。

パーキングには多くの店がある。私はそのうちの一つの店に彼女たちを連れて行った。遠慮する二人に飲み物も無理に買ってあげ、里親のS氏と一緒に食事を摂った。私にとっては安い昼食代だが、彼女らにしたら高額だ。

昼食後、一路バスは明日奨学金式が行われるスリプンニャワルダナラマヤ寺院へ向かった。

バスの中で隣にいる日本のお父さんとの会話、そして同じテーブルでの昼食、奨学金式でお父様からの直接の学用品の授与、それらのことは、彼女にとって忘れられないできごとだったに違いない。

帰国後、彼女から里親S氏に当てた手紙である。

「私は八年生です。二年後にはOL試験を受けます。弟は今年五年生の奨学金試験を受けます。私と弟が塾に通ったり参考書を買ったりするので母親は大変です。…そんな母親をいつも心配しています。…塾の先生からは叱られます。それは塾で必要な参考書や新聞を買えないからです。それがないと塾の宿題をすることができないのです。父親のいない私にはお父様は神様です。…お父様からご支援をいただくより、お父様と一緒に過ごせた方がうれしいです。この前、ゴールからコスモスセンターまでバスで一緒に移動出来た日のことを思い出します。

ジャニーシャ」

他の里子で母親のいない里子もいる。その里子は日本の里親さんを本当の母親と同じだと思っている。偶然にも里子の母親の亡くなった日と里親さんの誕生日が同じなのだ。

スリランカの里子にとって日本の里親さんたちは彼らの意識の中で、本当の母親父親であり、神様でもあるのだ。

「いついらっしゃいますか」

その里子の家を訪問したのは、もう午後六時を過ぎていた。この日の最後に訪問する里親I氏の里子だった。その里子は、兄姉妹の三人が叔父の家に世話になっていた。父親は、鉄道事故で亡くなり、母親は、そのショックで、行方不明のままだ。生活は、兄の稼ぎで姉妹が勉強していた。兄の仕事は、コンピューター関係の仕事だ。

この子の家庭を訪問するのは初めてだった。初めて訪問する子どもには勉強のことなど質問しながらいろいろな情報を集めるのが常だった。

この里子ラスミは朝五時に起床、夜九時に就寝。家庭学習は三時間三十分。数学が得意で将来は医者になる希望を持っている。そんな情報を集めてから姉や兄のことにも話が移っていった。

姉と里子と体のがっしりした兄が私たちの前に立っていた。メルビン氏が話題を変えた時だった。前にいた兄が急に目をしばたき、外の暗がりに消えていった。彼は明らかに泣いていた。でも私には涙を流した理由がわからなかった。しばらくしてから彼は戻ってきた。明らかに泣いていたことが分かる顔であった。

インタビューが終わり、私たちが外に出る時だった。

兄が私に言った。

「私たちの里親さんはいつスリランカにいらっしゃるのですか」と。

私はその言葉に衝撃を受けた。

彼は苦しい環境の中で、姉と妹二人の面倒を見ている。二人にしっかり勉強させたいと思っているのは、彼の話でわかる。たぶん相当苦しいのであろう。その自分たちを支援してくれる里親さんに直接感謝の意を伝えたいと思っていると感じたからだ。ただ、妹を支援してくれる里親さんにお礼を言いたいという気持ちだけではなく、もっと熱い、心の底からこみ上げてくるような感謝の気持ちを直接、里親さんに伝えたいという思いのこもった言葉だったと思ったからだ。

車の中でメルビン氏とサジーさんにどうして兄が泣いたのか聞いたが、二人とも分からないという。でも私には、里親さんに対する強い思いが、あの兄の涙に出ているように思えた。

この兄と同じような気持ちをどの里子や家族も抱いていると思う。

兄の妹の里子ラスミからの手紙である。

「心から愛する日本のお母様お父様へ

私の名前はラスミです。七年生です。私の家族は兄と姉だけです。父親は事故で亡くなり、母親は家を出たまま行方不明で

す。…現在叔父の家で生活しています。兄はパソコンの修理をするところで働いています。…学用品や制服や靴など買うお金がなくて大変困っていました。このような時にコスモス奨学金代表の校長先生のお陰で奨学金をいただきました。私は勉強が大好きです。好きな教科は数学と科学です。いつか国のため社会のためになる人になりたいです。…奨学金は私にとって大きな宝物です。…母親も父親もいない私が日本のお母様とお父様に出会えたのは仏様のお陰だと思います。とてもうれしいです。スリランカの愛する娘ラスミ」

将来の夢

二〇一〇年、千葉大学の留学生の集まりがあり、私も参加した。この日は各国の料理を味わう会で、この日はメルビン氏たちが作ったスリランカ料理を味わう会であった。

留学生は中国の学生が多かった。私のグループには中国の女性の学生が三人いた。中国からの留学生はみんな親からの仕送りで生活していた。話の内容から裕福な家庭の学生たちのようであった。

スリランカ料理を味わった後、グループごとの交流があった。私は彼女たちに将来どんな職業に就きたいか聞いてみた。一人の女の子はお金持ちになりたいと言った。次の女の子も同じだった。予想はしていたが少し寂しかった。同じ地球に暮らしている民族で考え方が大きく違う。

仏教国であることも関係していると思うが、私の関係しているスリランカの子どもたちは傾向がまったく違う。

中学生と高校生百三十八名の子どもたちを対象にして調査した「将来希望する職業」の調査結果は次の通りである。

医者　　　　六十人
先生　　　　三十九人
エンジニア　　　　十四人

社会に役に立つ人　九人
弁護士　　　　　　五人
看護師　　　　　　四人
その他（会計士、パイロット、天文学者、画家など）七人

私が驚いたのは、彼らがその職業を選んだ理由である。ほとんどの学生が「貧しい人たちを助けたい」「困っている人たちを助けたい」「国や社会の役に立ちたい」をその理由に上げていることだ。「お金持ちになりたい」という子どもには今のところ一人も出会っていない。

私が調査したのは、家庭が貧しく勉学に困難をきたしている子どもたちだ。貧しい家庭でご飯も満足に食べられない生活を送っている子どもたちが、自分のことを差しおいて人のことを考えているのだ。これは仏教の教えに関係しているとは思うのだが、驚きだ。

次にご飯も満足に食べられない子どもが里親さんに宛てた手紙を紹介しよう。

「…私は勉強が大好きです。苦しい生活をしていますが、一生懸命勉強しています。…私の将来の夢は貧しい人を助けるお医者様になることです。心優しい日本の里親様のご支援があれば、もっとよい成績がとれ私の夢に近づけると思います。三食食べることも大変な状況ですが一生懸命勉強して国や社会の役に立つ人になりたいと願っています。」（チャトミニ）

「…父は決まった仕事がありません。父の仕事がない日はごはんを食べられない日が多かったです。母も仕事がありません。貧しい私はコスモス奨学金から学用品をいっぱいいただき、困ったこともなく学校に通っています。…私の家には戸も窓もありません。床もありません。水もトイレもないので大変困っています。電気もないのでランプで勉強していますが、時々隣の祖母の家から線を引いて勉強しますが、見つかると大変です。…私は将来困っている人を助ける医者になりたいと思っています。」（ヤシル）

「…私はお母様お父様と同じように、貧しい子どもたちを助ける先生になりたいと思っています。お母様お父様からいただいた奨学金の大切さがわかりましたから、私のような貧しい子どもたちを助けてあげたいです。」（ガヤニ）

「…父親は決まった仕事がなく、大工さんの手伝いをして私たち三人の勉強をさせてくれています。私たちは苦しい生活をしていますが、勉強は大好きです。学用品もなく大変困っていたところ、村長さんと校長先生からコスモス奨学金についてお知らせがありました。…私はいつもクラス一番か二番の成績をとっています。…一生懸命勉強したいのですが、学用品もなく学校に行けません。そんな状況で毎日泣いていましたが、神様のようなコスモス奨学金のお知らせがありました。ご支援をいただければと思いお手紙を書きました。…私の将来の夢は、一生懸命勉強して国や社会の役に立つ医者になることです。」（イマーシャ）※この子は現在里子になっている。

「私は八年生です。二〇〇六年に白血病にかかりガンセンターに入院しました。入院し体力も弱ってきましたが、自分で勉強していました。私は勉強が大好きです。…私は入院している時に政府の五年生の学校選抜試験に合格しました。…私は一生懸命勉強して将来医者になるつもりです。それは私の白血病を治すためにお医者さんたちはご飯も食べないで治療してくれたからです。そんなお医者さんたちを見て、どんなに困ったことがあっても小児科の医者になりたいと思いました。」（マドシ）

このような手紙は特殊な手紙ではない。多くの子どもたちが同じような手紙を書いている。

二〇一四年にクルンドガタハタクマというところにある私と五木田氏が支援して建設した「コスモス日本幼稚園」を訪問した時のことである。

幼稚園児たちに聞いてみた。

「将来何になりたいですか」と。

幼稚園の先生が男の子に聞いてくれた。

男の子はすぐに答えた。

「お医者さん」

次の子にも聞いてくれた。

「お医者さん」

「先生」

私もびっくりしたのだが、子どもたちは戸惑いもなくはっきり答えてくれた。

一番多かったのが医者だった。次に多かったのが先生だった。途中で先生が質問を止めると、聞かれなかった子が泣き出した。聞いてくれというのである。その子の希望は医者だった。こんな小さな子どもでさえ奨学生たちと同じ希望を持っていることに驚いた時だった。

スリランカでは大学に入れるのは三パーセント程度だといわれている。まして医者になるには相当の激戦を乗り越えなければならない。果たして希望している何パーセントの子どもたちが希望を叶えられるかわからない。でも子どもたちは自分の希望に向けて必死に努力している。自分ではなく他人のためである。

そんな姿に心動かされる日々の連続なのである。

微笑

暴君で名高いカーシャパ王が居城したシーギリヤは、フレスコ画で有名なシーギリヤ・レディの絵が描かれている遺跡である。

私がこのシーギリヤに登るのは、この時確か二回目だ。今回一緒に登ることになった里子親子は四回目だという。

シーギリヤは悲劇の歴史を持つ遺跡である。イギリス人に発見されるまでジャングルの中に埋もれていた。

私は景観の撮影のため、里子親子の前になったり後ろになったりしていた。まだ体力は充分にあった。

私には気にしていることがあった。それは里子親子が一緒に行った里親さんたちと打ち解けているかということだった。私は時々彼女たちに視線を向けていたがそれは杞憂だった。里子はいつも里親さんたちとの談笑の中にいた。

里子の母親はシーギリヤの急な階段を登るのは大変だろうと思うほど肉付きが良かった。彼女は時々私に微笑を見せていたが、その意味がわからなかった。私はただ微笑を返すだけだった。

私がその微笑の意味に気付いたのは、苔のついた急な階段を上っていた時だった。撮影のため最後尾になった私がふと上を向くと、そこには彼女の微笑があった。私が彼女の二段下の階段に足をかけたときだった。彼女は私に手を差し伸べた。その手でやっと彼女の微笑の意味が理解できた。彼女は、撮影のため遅れ気味な私を階段がきついために遅れていると思っていたのである。言葉の通じない代わりに微笑で私に大丈夫か確認していたのである。

私の方から助けてあげたいほど太り気味の彼女なのに、私の事にまで気を遣ってくれた母親に心打たれた微笑であった。

気がつくとこの微笑は私だけでなく、他の里親さんにも向けられていた。

シーギリヤの頂上には青空をキャンバスにして遥か遠くまで緑の景観が描かれていた。

草刈り

車で家まで入れる里子の家は少ない。大抵広い道に車を置いてからしばらく歩いて行く。この日もそうだった。三輪車なら通れそうな田んぼの中の細い道を周りの景色を眺めながら里子の家に向かって歩いていた。道ばたの草は道の方に延びて歩くのに邪魔になっていた。時々地元の人たちとすれ違った。彼らは見慣れぬ外国人にちょっと興味を示したが、そのまますれ違っていった。

里子の家に入る曲がり角に来た。道から右に曲がって人がやっと通れるほどの広さの道が田圃の縁に沿って続いていた。

その道をしばらく歩いていて気がついた。今まで歩くのに邪魔になっていた道ばたの草が短く刈られていたのである。道には刈った後の草が少し残っていた。共同作業で草刈りをした後なのだろうかと想像した。でもこの人がやっと通れるほどの細い道だけがきれいに刈られているのは変だ。

その時、ミームレの里子の家を訪問した時のことを思い出した。

あの時はミームレのある里子の家を訪問した時である。里子の家は低木の茂る森の中にあった。校長先生の案内で家まで歩いた。その道とは幅三〇センチにも満たない広さの道であった。道の脇には湿気を帯びた草が茂っていた。でも、私たちが歩く道だけは、はっきりと土が見えるのである。まるで私たちが通るのを予想してきれいに草を刈ったようであった。その道はずいぶん長く続き、里子の家へとしか通じていなかった。同行した校長先生の話では、私たちのために里子の家で草刈をしたのだという。

この日もそうだった。その道は里子の家までしか通じていなかった。自分の家までの道だけがきれいになっているということは明らかに私たちのためである。

里子の家は借家であった。電気も入っていない。里子は男の子の双子である。妹がいる。里子は里親さんへのプレゼントを準備していた。彼らの描いた絵である。粗末な紙に描いたものだったが上手だった。

彼の絵を見て　前にイータナワッタ学校を訪問した時のことを思い出した。

私たちを歓迎するセレモニーが終わって、教室を見学しようと外に出た私に声をかけてきた男性がいた。ワイシャツと黒のズボンをはいていた。

彼は私に言った。

「私は〇〇と〇〇の父親です」

私は「父親です」の部分だけが理解できたが、〇〇の部分はわからなかった。人の名前のようだ。この学校には四人の里子が決まっていた。今年里子になったばかりであり、まだ会ってもいない里子なので名前もよくわからない。

彼は続けた。

「奨学金をいただきありがとうございます。〇〇と〇〇は勉強を一生懸命しています。二人とも絵が得意です」と。妙にこのことを覚えていた。

曲がり角から彼らの家まで百メートルはある。この道の草刈をしたのだ。父親に草刈のお礼は言わなかったが、彼の行為に頭が下がる思いだった。

道案内

マータラのにぎやかな町並みに入ったところで三十代くらいの男性が私たちのバスに乗り込んできた。

クマーリさんに聞くと今日訪問する里子たちの家を案内する人だという。クマーリさんも里子の家をよく知らないから頼んだのだそうだ。

里子を私たちに推薦したのがクマーリさんだったので、当然里子の家を知っていると思っていた。ゴール近辺に里子はいるが、マータラに里子が誕生したのは初めてだった。

高速ができたのでコロンボから二時間足らずでマータラ着く。高速がなかったら一泊しなければいけないほどの距離だ。高速ができたからコロンボから日帰りで楽に行ける。

最初に訪問した里子の家は町中から遠かった。小一時間ほど走って細いわき道に入った。車がやっと通れるくらいの道幅だ。

次の里子の家も最初の里子の家から遠かった。その次の里子も離れていた。最後の里子の家には車が入れないので三輪車で入って行った。

案内人が乗り込んだのはお昼頃だ。

六軒の里子の家を回ってもう午後六時を過ぎていた。

最後の里子の家の訪問が終わって車に乗り込んでから案内人がメルビン氏に言った。

「もう一人訪問してほしい子がいるのです。」

メルビン氏が私の顔を見る。

私とメルビン氏だけで行動していたら私の顔は見なかっただろう。彼と私は時間に関係なく行動するのが普通だったからである。早朝に出発したり、朝食抜き、昼食抜き、ホテルに夜中に着くなんてことをしている二人だからである。

この日は、大勢の里親さんたちがいた。だからメルビン氏が私の顔を見たのである。

今日で六日目。今まで無理して里子の家を訪問している。今日のホテルはゴールだ。ここから高速を使っても約一時間はかかる。予定していない子の家を訪問すればそれだけ遅くなる。

「近いのかな」

「近いそうです」

スリランカ人の「近い」は、近くはない。以前、里子の家を訪問する時、里子に「近いか」と聞いたら「近い」というのでついて行ったら三十分もかかったことがある。

ちょっと心配だったが、折角の機会だから行くことにした。

その子の家は言葉通り近かった。十分ほど走り、車は入れなくて暗い細道を歩いて五分ほどで着いた。

ドア一つほどの入口でその子と会った。女の子である。裸電球に後ろから照らされた女の子は着古した縞模様のブラウスによれよれの短パンを履いていた。ゴムが伸びているらしくずり落ちる短パンをしきりに持ち上げていた。見るからに貧しさを感じさせる服装であった。

母親と幼い弟と祖母の四人家族だ。母親は縫製工場で働いている。父親は家出している。彼女は母親が帰宅するまで幼い弟の面倒を見て、母親が帰宅してから勉強するそうだ。将来は医者になる夢を持っている。成績は優秀だそうだ。

細道を引き返しながら、この子も支援してあげなければと思った。

車に帰る途中の道でサジーさんが私に言った。

「道案内の人は今日の仕事を休んで来てくれたそうです。この人が今日訪問した里子たちを紹介してくれたのだそうです。」と。

単なる道案内だと思って今まで対応してきた自分が恥ずかしくなった。

彼は自分の地域の貧しい子どもたちを自分の子どものように思っているのだ。自分の住んでいる近くの子どもたちのことなら理解できる。でも車で小一時間はかかる広い範囲のことをよく知っている。それに自分の仕事を休んでまでも子どもたちのために活動している。そのことに驚いたのである。

バスに戻る途中の道で、私は彼に言った。

「ボホーマ　イストゥティ」と。

私には「ボホーマ　イストゥテイ」としか言えなかった。彼の行動に心を強く突き動かされたことを表現するシンハラ語を知らなかったからだ。

私は二千ルピーを小さく畳んで彼の胸ポケットに入れた。彼は慌ててそれを返そうとしたが、手を振って断わった。

彼と別れ際に握手をしたが、分厚い手があたたかかった。当たり前のことをしたという笑顔の彼と、彼の妻と小さな女の子が笑顔で手を振っているのが見えた。

その後、この短パンの女の子は里子になった。

案内人の紹介がなければ彼女はどうなっていたのだろうと思う。仏様とのご縁なのかもしれない。

飛び入りのスピーチ

盲目の女性がコスモス奨学金副代表の野口氏に手を引かれて壇上にあがった。そしてやや上向きにスピーチを始めた。第七回コスモス奨学金授与式のセレモニーの時である。

壇上に上がったのは、里子サチニの母親である。彼女のスピーチは飛び入りなのだ。彼女はスピーチの中でこう話した。

「野口先生が私の手をとって壇上まで導いてくださり感謝いたします。とてもうれしいのですが目が見えないのでお顔を見ることが出ず残念です。どう感謝してよいかわかりません。食べ物もなく苦しい生活をしていますが、お坊さんや里親様たちが助けてくださっています。長女のサチニには奨学金をいただいています。サチニは勉強が好きで優秀な成績をおさめていますが、勉強を助けることもできませんでした。奨学金は私たちの人生で最大の宝物です。また「ふたばアーロカヤ基金」から食糧支援をいただいています。感謝しても感謝しきれません。」

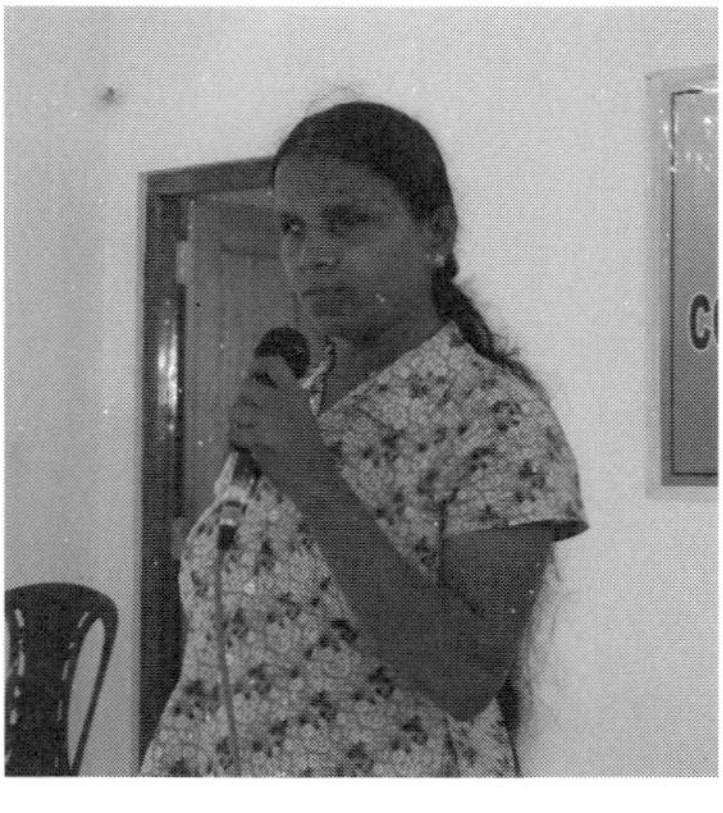

彼女のスピーチは参加した多くの人たちを感動の渦に導いた。そのことは、里子の手紙が証明している。今まで里子の家族がスピーチしたことはない。彼女を壇上に導かせたのは、心の底からこみ上

げる里親さんに対する熱い感謝の念であろう。里子の家族はサチニの母親と同じ気持ちを持っていると思う。

参加した里子の手紙を紹介しよう。

「コスモスセンターで行われたコスモス奨学金式はとても印象に残りました。特に強く印象に残ったのは、目の見えない母親のスピーチでした。聞いていた人たちはみんな泣いていたと思います。彼女たちの生活が少しでも楽になったのは、日本の里親様のお陰です。　サミタ」

サチニの家庭には盲目の父親と弟がいる。父親は箒を作っている。当然生活は苦しい。スピーチの中にあるが、食べるものがなく弁当も持っていけない時が多い。サチニは優秀な学生で学生長という名誉な役員に推薦されたが、学生長が着る制服を買うことができないので辞退した。そんな生活状況である。弟をお寺に預けていくらかでも生活を楽にできたらと考えるほどである。

サチニから里親さんへの手紙も紹介しよう。

「…私は目の見えない両親と弟の世話をしています。私たちは住む家もなく食べ物もありません。でも両親の世話をしながら一生懸命勉強していました。そんな時、お母様お父様から奨学金をいただくことができました。心から感謝いたします。両親も感謝しています。…今まで学用品がなくて困っていました。先生やお坊さんや近所の方たちから鉛筆やノートをいただいていました。でももう心配はいりません。…今回の試験でも一番になりました。…私の将来の夢はお医者様になることです。家が貧しいので医者になるのは大変だと思いますが、奨学金が助けてくれると思います。夢が実現できるまでがんばります。」

こんな生活の中で出会った里親さんからのあたたかい支援は、本当の宝物のように思えたに違いない。

遠くを見つめるような表情でスピーチしている母親は何を見ているのだろうか。何回か実際に里親さんに会ってはいるが、声と感触だけの出会いである。里親さんは野口氏の奥さんである。盲目の彼女は里親さんのどんな顔を想像しているのだろうか。すてきな顔に違いないと思いながら彼女の上向きの顔を見ていた奨学金式であった。

※「ふたばアーロカヤ基金」は野口氏が設立した食料基金であり、十八名の子どもたちが食料支援を受けている。

花売り

葛折りの登り道の終わり近くに花売りの少年たちがいる。キャンディからヌワラエリヤに向う見渡す限り紅茶畑が続く葛折りの道である。昔の道路は整備されてなく、車での移動は大変だった。今はすっかり整備されゆっくり周囲の景色を楽しめる。

ここに花売りの少年たちがいる。その対象は、上り下りの外国人の乗った車である。

彼は同じ場所で花を売っている訳ではない。通過する車に花をかざして見せ、車が止まらないと、上りの車なら葛折りの道の下から真っ直ぐ上の道まで坂を駆け上り、さっきの車が来る時には先回りしていて、また花を見せるのである。下りの時は逆である。

一日どのくらい花が売れるのか知らない。かわいそうに思って買ってくれる客もいるだろうし、一方葛折りの駆け登りの少年の身軽さだけを楽しむ客もいるだろう。

私は何回か買ってあげたが、花は一本だけ買って五百か千ルピーを払う。

最初に彼らを見たのはもう十年以上前だから、あの頃少年だった彼らはもう青年でここにはいないであろう。

初めて見た時は、学校はどうしているのだろうかと心配していたが、彼らに聞く機会もなかった。彼らのことについて聞きたいことがたくさんある。いつもそう思いながらグループでの行動であり、日程に差し支えがあるので、その機会は訪れていなかった。

二〇一五年一月、やっとその機会が訪れた。彼をつかまえて、ゆっくり話を聞き、できれば彼の家庭まで行きたがったが、この時もグループ行動なので諦めた。

下りの車で一人の花売りの少年を車内に導いた。車を止めていると他の車の邪魔になるので、走行中の車の中で彼に聞いた。

「学校は」

「今終わった」

「学校が終わってからいつも来るのかな」

「はい」

「売れるかい」

「ときどき」

「多い時はいくらぐらいになるかな」

「千ルピーくらい」

「将来何になりたいのかな」

「医者」

少し間をおいて
「運転手」

これで彼へのインタビューは終わった。

これ以上質問を続けたら、彼は何キロも歩いて帰らなければならなくなるからだ。

葛折りの道を何回か曲がったところで千ルピーを手に彼は解放された。

彼と同じように花を売っている少年は他にいる。みんな同じような考えなのだろうと思う。

私たちの乗ったバスのドライバーが言っていた。

イギリス人は必ず車を止めさせて花を買ってあげていると。今まで買ってあげたことのないのはC国（名誉にかかわるのでC国とした）の人たちだと。

次回は彼らの家庭を訪問してみたいと思っている。彼らの生活や考えを詳しく聞いてみたいと思っているからだ。

彼らに出会ったら、C国の真似はしないようにお願いしたい。

東日本大震災

三月十一日は私の誕生日である。

この日、夕食の買い物に出る前に、いつものように愛犬のチャッピーに挨拶していた。チャッピーは小屋の前でいつもの顔をして私の側にいた。「ちゃんと番をしているのだよ」と離れようとしたときだった。私の造ったベランダがガタガタ揺れた。「あれっ」と思った瞬間に大きな揺れに襲われた。チャッピーも驚いたのであろう。急いで自分の小屋の中に飛び込んでいった。

あまりに大きな揺れだったので家の中に入り、テレビをつけたが反応がなかった。停電である。幸い家の中は何かが倒れたようなこともなかった。

そのうちに電気も復旧するだろうとのんびり構えていたが暗くなってもだめだった。

結局買い物には行かなかった。この日はローソクの光の中で家族七人の粗末な夕食になった。私の誕生日祝いはお流れになった。


東北地方で大きな被害があったのを知ったのは停電が復旧してからだった。

翌日、メールを開いてみたらコスモス奨学金のスリランカ事務局であるアマラワンサ僧からメールが入っていた。里親さんの安否を問うメールであった。幸いなことに里親さんたちの中で東北に住んでいる人たちはいないので、今のところ被害はないと思うと返信しておいた。

十年前は村でテレビが一台あればいい方であったスリランカは、今は貧しい家庭にまで白黒テレビが入っている。携帯電話もほとんどの家庭で持っている。スリランカでも世界の出来事が瞬時に見られるようになってきているのである。

たぶん津波の様子をテレビで見て、メールをしたのだろう。単に子どもを支援している日本人としてではなく、肉親と同じように思ってくれていたのである。

後にわかったことであるが、アマラワンサ僧が私に里親さんたちの安否を尋ねたのは、彼自身の心配だけではなかったのである。津波の様子を見た里子がお寺に駆け込んできて、里親さんたちの安否をアマラワンサ僧に尋ねたからである。お寺に駆け込んできた里子は一人ではなかったという。お寺の近くの里子たちが全員集まったそうだ。遠くの子は電話で問い合わせたという。それが私のところにメールが届いた大きな要因だったのである。

津波の様子をテレビで見た里子の中には自分の里親さんがあの津波の中にいると思って泣いていた里子もいたと事務局のメルビン氏が言っていた。そのことは事実であった。それは、里子から里親さんに宛てた手紙が証明している。

その後、里子たちは里親さんたちの名前を書いた札を持って菩提樹の前で里親さんたちの無事を祈ったそうだ。

これは里親さんたちを心配する里子たちからの手紙である。

「…大震災で亡くなられた方々に対して心からご冥福をお祈りいたします。また被災された方々には心からお見舞い申し上げます。私はスリランカのテレビで日本の津波や地震の様子を見ました。それを見て日本の里親さんのことを思いました。そして心が痛くなり泣いてしまいました。…スリランカの大勢の里子たちは里親さんたちを仏様が守ってくださると信じています。貧しい家庭の子どもたちをご支援くださる里親さんたちには何の被害もないと信じていました。…ニュースを見て、すぐアマラワンサ僧に電話しました。」（ニローシャ）

「大地震と大津波のニュースを見てびっくりしました。すぐコスモスセンターのアマラワンサ僧のお寺に行きました。」（ダヌシカ）

「スリランカのテレビやラジオで何回も大震災のニュースが流れていたので、みなさんのことが心配でクマーリさんに電話しました。…スリランカの学校では日本の皆様が無事でいらっしゃるよう仏様の前でいろいろな行事をしました。」（シワンティカ）

「…コスモス奨学金の里親様たちが無事でいらっしゃるように心から祈っています。…スリランカの全国のお寺では亡くなられた方々のご冥福と被災された方のご無事を菩提樹の前でお祈りしました。私たちのお寺でも家族全員が参加して皆様のご無事をお祈りしました。」（ナディシャーニ）

イータナワッタ学校の校長先生からの手紙である。

「三月の日本の大震災の時、津波で多くの人たちや建物、車などが流される様子をテレビで見ました。私たちはみんな泣いてしまいました。…スリランカでも前に大きな津波がありました。…その時最初に助けてくださったのは日本でした。日本人の優しい心を一生忘れられないです。」

新聞でも報道されたが、原発の事故で多くの外国人が自国に避難していた中で、当時の在日スリランカ大使は在日しているスリランカ人に東北地方の人たちを支援しようと呼びかけ、率先して現地に赴いてスリランカカレーを被災者に振る舞ったという。

里子たちは福島の被災者たちにも見舞いの手紙も書いている。里子の親たちも村人も書いている。彼らは被災者たちの幸せを菩提樹の前でお祈りまでしているのだ。

スリランカの人たちは、悲しんでいる人や悩んでいる人、苦しんでいる人たちのことを見過ごすことができないのだ。四無量心が生きているのだ。

祈り

コスモス副代表の五木田氏が入院した。脳の手術のなので心配したが、手術は成功し回復は順調だった。

手術後、メルビン氏とサジーさんを連れて見舞いに行った。

病室に向かう途中でメルビン氏が言った。

「里子たちが五木田先生の手術の成功を菩提樹の前で祈ったそうです」

予想もしていなかったことだった。私はスリランカの事務局のアマラワンサ僧に何も伝えていなかったからである。たぶんメルビン氏がアマラワンサ僧に伝えたのだろう。

五木田氏はまだスリランカを訪問したことがない。里子達は、直接彼女の顔を見たことがない。写真の彼女しか知らない。

まだ会っていない彼女のために祈りをしてくれた里子たちのあたたかい行為に心打たれたのである。

このことを彼女に伝えた。彼女も感激していた。

里子たちの祈りが、五木田氏の手術を成功させたのかもしれない。

二〇一五年一月、シーギリヤのライオン広場から九名の里親さんたちが鉄製の急な階段を登り始めた。私はその様子をライオンの爪のところからカメラで撮影していた。

一行の先頭が二つ目の階段の曲がり角にかかった時だった。二人が急に踊るような格好をした。最初は何が起きたか見当がつかなかったが、すぐ蜂の襲来だと気がついた。登っていた人たちが手で周りを振り払いながら駆け下りてくる。私はライオン像の向かって左の爪のところからその様子を呆然と見ているだけだった。全員が避難小屋に避難した後、私も小屋に入ろうとしたが、蜂の群れが入口に群がっていて入れなかった。仕方なく避難小屋の戸のない部屋に女の子二人と入った。蜂が中にたくさん飛んでいたが、刺すことはなかった。

しばらくして隣の避難小屋の係りから避難小屋に移動するようながされ中に入った。刺された仲間たちはお互いに針を抜きあっていた。避難した人たちの中には重症の老夫人もいた。メルビン氏は林の中に避難したといって後になってから避難小屋に入ってきた。

一時間もしただろうか。蜂の襲撃も止んだので、途中で看護婦の治療を受けた後、九名の里親さん全員が病院に搬送された。幸い全員無事でその後の日程をこなすことができた。

この時もアマラワンサ僧や里子たちは、刺された全員の無事を菩提樹に祈ってくれたという。メルビン氏がアマラワンサ僧に連絡したのだった。

訪問団が帰国した後、野口氏と川那辺氏の三人で訪問できなかった里子の家庭を訪問した。野口氏の里子サマンタの家を訪問した時である。野口氏がシーギリヤで蜂に襲われたことを話した。すると、母親が奥に入り、レモンのような果物を持ってきて刺された腕や頭に塗り始めた。まるで家族が刺された時のようであった。私も刺されていればよかったと思うほど親身な治療であった。メルビン氏がキャンディの薬局で買った白い薬は効かなかったが、この民間治療はさぞ効果があったのではないかと思っている。

里子たちは、里親さんたちの幸せと健康をことあるごとに仏様に祈っている。

「朝晩、仏様に水と線香を供えてお母様お父様の健康と幸せをお祈りしています。」（アチニ）

「お月様がもう少しで出ると思います。そうしたらお母様お父様の幸せをお祈りします。」（ヒメーシャ）

（満月の日）

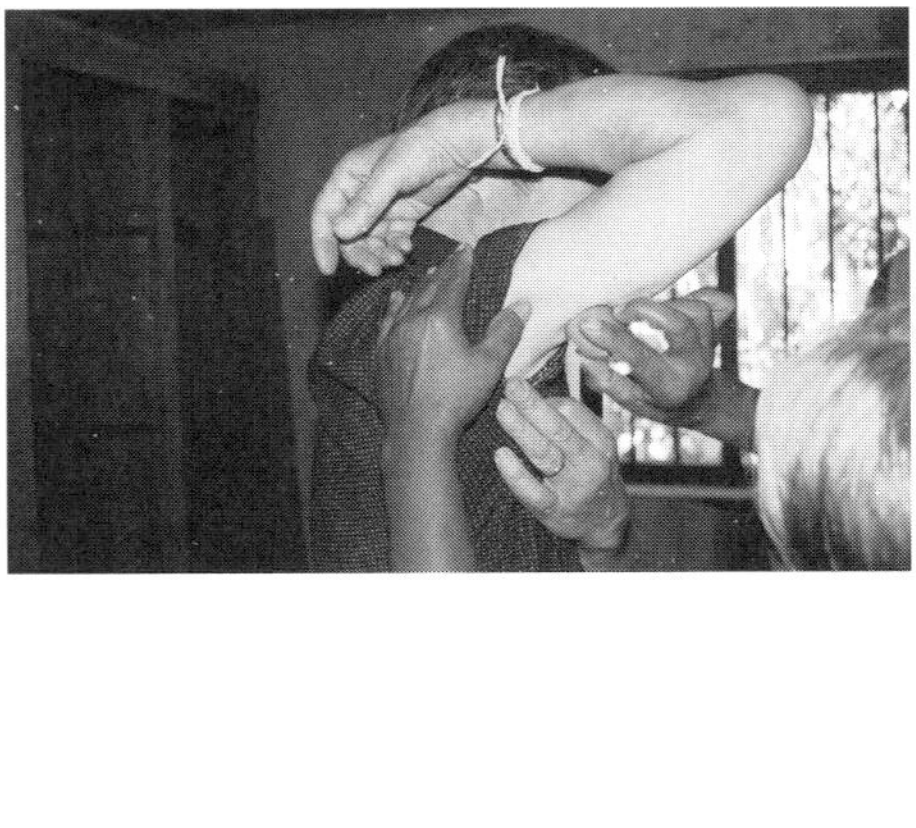

お見舞い

アヌラダプラの観光も終わり、菩提樹の場所からバスへと一行は向かっていた。メルビン氏は初めて訪問するメンバーに僧院の跡などの遺跡の説明をしていた。何度も訪問しているメンバーたちは一足先にバスに向かっていた。

先に行ったメンバーはパゴダの入り口で後からのメンバーを待っていたが、なかなか姿を見せない。そんなに説明する場所もないのに変だと思っていたら、知らせが入った。M氏が犬に噛まれたのだという。

スリランカの観光地には野良犬がたくさん寝転がっている。何もしなければ吠えることもない。スリランカの人たちは生き物を大切にしている。野良犬だって生き物だから大切にする。アマラワンサ僧のお寺では盲目のカラスがいる。盲目だから飛ぶこともできない。そんなカラスに餌をあげている。スリランカでは蚊は朝晩大活躍する。日本では蚊が止まったら打ち殺すだろう。でもスリランカでは追い払うだけだ。そんなことが普通に行われているスリランカなのだ。

M氏が噛まれたのは、写真撮影に夢中で犬の存在に気がつかず踏んでしまったようだ。心配なのは狂犬病だ。飼い犬でさえ予防接種もしていないのだから心配だ。メルビン氏と野口氏が付き添って三輪車で病院に連れて行ったという。

時刻は午後二時近かった。まだ昼食をとっていなかった。M氏のことはメルビン氏と野口氏に任せて昼食をとることにした。いつものレストランである。

昼食を摂りながらサジーさんにメルビン氏と連絡をとらせていた。昼食が終わるころ治療の結果が入った。注射を数本打ち、夕方まで入院しなければならないという。

我々の今日の宿はポロンナルワだ。ここで夕方まで待っている訳にはいかない。ポロンナルワでも里子訪問が予定されているからだ。

途中で野口氏を拾い、メルビン氏に付き添いをしてもらい、我々はポロンナルワの宿に向かった。病院にいる彼らはお昼も食べていないので弁当も用意して届けた。

我々がポロンナルワのホテルに着いたのは午後六時近かった。

みんなが夕食を摂っている間にN氏と一緒にY氏の里子の家を訪問した。ホテルに帰ってきたのは午後八時過ぎていた。

メルビン氏がM氏とホテルに着いたのは午後九時ころだった。三輪車でアヌラダプラからポロンナルワまで来たのである。

次の朝、メルビン氏が私に言った。

「あのマドシが見舞いに来たよ」

「え、どうして」

「私が病院への道を聞いたからでしょう」

話によると、メルビン氏がM氏を連れて行く病院の場所がわからないので、マドシの母親に聞いたのだそうだ。マドシは里子である。マドシの家は菩提樹の近くにある。メルビン氏が「あの」と言ったのは、マドシという白血病の女の子のことだ。とても心配な子どもだ。だからメルビン氏と何回も話題に載る子なのだから、「あの」が付くのである。

M氏はマドシの里親ではない。彼女の里親は今回訪問していないことは彼女も知っている。それなのに見舞いに行っているのだ。入院してすぐ見舞いに行こうとしたら、見舞いは夕方からだというので夕方見舞いに訪れたようだ。食べ物を持って母親とマドシの友達と三人で見舞いに来たという。

マドシは白血病であり、治療を受けているが、現在は病状が安定しているので薬も控えている。父親はいなく、家は世界遺産の敷地にあるので引越ししなければならないが、お寺の好意で今の家に住んでいる。でもいつ追い出されるか心配な状況である。

以前、彼女の家を予告なしに訪問した時、彼女は塾に行っていて留守だった。母親と祖母がいてハラッパと飲み物をご馳走してくれた。私とメルビン氏だけでの行動の時だったので、昼食も摂っていなかった。空腹だったからかもしれないが、ハラッパはおいしいかった。おいしいと言ったら、帰りに残りを全部包んでくれた。ベリマルという飲み物も飲ませてくれた。体によいというので全部飲んでしまった。

旅の最後にマドシの家を訪問した。彼女の家で彼女と会うのは初めてである。笑顔いっぱいの病気を感じさせない少女だった。笑顔にはやさしさがたっぷり含まれているような気がした。

アヌラダプラの菩提樹を拝観した後、彼女の家で「ベリマル」という体によい飲み物を飲むことを勧めます。（第三部「アヌラダプラ」参照）

メサジー

彼らと会ったのは二〇〇五年ＮＰＯのイベントが渋谷の代々木公園であった時だ。その時はＣＰＩの元里子という立場で私たちのテナントの手伝いにきたのだ。

それがきっかけとなって彼らとのつき合いが始まった。

メサジーとは、メルビンとサジーを合体させて私がつけた名前である。

メルビン氏は家族ビザなので週三日以上は働けなく、妻のサジーさんは当時大学生であったので、時たまバイトをする程度でかなり苦しい生活をしていた。家賃一万二千円の市の団地に住んでいるが、ガス代が払えず止められるようなことが度々あるという生活をしていた。

そんな彼らにいくらか足しになるだろうと、生活用品を持っていって使えというと、

「私より困っている人たちがスリランカにはたくさんいるから、その人たちにあげてください」と、何一つ取ろうとしない彼らだった。

一緒にスリランカを訪問した時に、私たちがホテル代を出すと言っても同じホテルに泊まらない。

「そのお金をスリランカの人たちのために使ってください」という。

ある日、スリランカ行きの航空券を頼みにメルヒン氏と綾瀬にある旅行会社に行った時だった。

武蔵野線の松戸駅で常磐線に乗り換える時だった。前を歩いていたメルビン氏の姿が混雑に紛れて見えなくなった。なんで勝手に行動しているのだろうと、ちょっと腹がたった。仕方がないので常磐線のホームの端から探そうと上り線の端の近くまでたどり着いた時だった。片手にビニール袋を持ったメルビン氏がうろうろしているのを見つけた。私など眼中にないように何かを探している。友達でも探しているのかと思った。ホームの端まで行った彼が引き返してきた。私のいるホームと反対側のホームをやや下を向いて早足で移動している。どうも友達を探しているのではなさそうである。ここで彼を見失ったら大変だ。目的の旅行会社の場所を私は知らないのだ。人混みをかきわけて彼を追った。

彼に追いついたとき、友達に手渡したのだろうか、彼は手ぶらだった。

彼に何で勝手に動き回るのだと言ったら、なんとゴミだった。常磐線に移動する途中でゴミ袋を見つけたのだ。その袋の捨て場所を探していたのだ。

彼のゴミ捨てを見るのは二回目だ。最初の時は初めて彼の家を訪問して帰る時の駅の階段であった。なにも持っていなかった彼が、ホームに上がる階段をビニール袋を持って上がっていたのだ。どこでなにを仕入れたのかと思ったら、ゴミだった。彼はホームに上ると早速ビニール袋からゴミを取り出し分別して入れていた。

誰一人捨てられているビニール袋を拾おうとしないホームで外国人の彼一人が当たり前のように処理していることに驚いたできごとだった。

彼が苦しい生活をしていることは前に書いた。彼は定期券を持っている。バイトのためだ。バイト先より遠い駅に出かけた帰りに、正規の切符を買わずに帰ることは可能だ。定期を持っているからだ。いわゆるキセルだ。彼はそんな不正はしない。キセルを知らないのではない。不正なことができないのだ。

スリランカ人の不法滞在は多い。日本で稼いだ人の話を伝え聞いて、自分も稼ぎたいとだまされて来日している人もいる。

彼らは取り締まりが厳しいから外出も控えている。でも取り締まる方もいろいろ手を尽くして捜査しているから逮捕される人も多い。そんな時、彼の所に入管から連絡が来る。唯一頼りになる彼のことを逮捕者が入管に話すからである。

彼は強制逮捕されたスリランカ人を必ず助けている。帰国の費用がない人には何万というお金を渡している。貸しているのではない。人の困っているのを見過ごせないのである。自分がどんなに困っていてもそうなのだ。

里子の家庭を訪問した時もそうだ。一目で食べ物にも困っていると思える家庭には、必ずお金を渡している。彼より先に私が渡すと、彼は私にお礼を言う。自分の気持ちの代わりしてくれたお礼なのだ。

こんなことがあった。

コスモス奨学金が発足して間もなくのことだ。初めて里親になった人がスリランカを訪問した。彼はその里親にお礼をしたいと言った。何をしたいのか聞いたら、夕食をご馳走したいのだという。場所はある高級ホテルだ。値段も高いから、飲み物だけでいいと言ったが、全部だと言い張る。

その日のホテルでの夕食は外でのバイキングだった。波の音を近くに聞くテーブルに四人が陣取り夕食を取った。

海の幸が豊富にありおいしかった。

食事の後、私の定宿であったタージ・サムドラホテルに向かった。夕食会場の斜め向かいにあるホテルである。

宿に里親さん二人が入ったのを見届けて、彼を通りまで送り出した時だった。

「オオパパ、千ルピー貸してください」と彼が言った。

私にはその理由がわからなかった。

「どうするの」

「家まで帰るお金がないのです」

いくら彼がホテルに支払ったか知らない。高くても一万くらいだろう。かれはこのホテルでバイトした経験があるからおよその値段は把握していたはずだ。

私は千ルピーを渡しながら言った。

「これで大丈夫か。もっといるか。」

彼は首を振ると、千ルピーを手に闇に消えていった。
そんな彼らであったが・・・

仏様は仰っている。「諸行無常」と

アンパーラ

コロンボから車で十時間かかるというアンパーラ市へは、通訳のナンダセーナさんの車で行くことになった。当時はまだ危険地帯で外務省の情報では危険地帯に指定されていた。一年前には仏教のお坊さんが、タミール解放の虎のメンバーに惨殺された地域だ。

そんな地域に行くことになったのは、私のしている日本とスリランカの学校間交流の仲間に入れてほしいという要望がアンパーラのお坊さんからあったからである。ＳＮＥＣＣの永翁さんを通して聞いてもらったらアンパーラの学校二校が希望しているとのことであった。幸い茨城県の学校と千葉県の学校がその学校と交流をしてくれることになっていた。

通訳のナンダセーナさんもまだアンパーラに行ったことがないという。ＳＮＥＣＣのチンダシリ僧にお骨折りをいただいて宿だけは確保してもらった。

現地に幼稚園を建設していたＫさんに現地のことをいろいろ伺ったが、聞く度に不安になる情報であった。

コロンボから一日で現地まで行くのは大変なので、キャンディに一泊して早朝に出発することになった。前の晩に朝食のためのサンドウィッチを作ってもらった。

宿を出てしばらくすると葛折りの下り坂になった。

ガードレールもない凸凹道を下っていくのだから怖い。一歩間違えばどのくらい深いかわからない崖下に落ちるだけだ。もしここでブレーキがきかなくなったらどうしようもない。そんな恐怖をいだきながら坂道を下っていく。ナンダセーナさんも一生懸命だ。私と言葉も交わさずハンドルを握っている。

三十分も走っただろうか、やっと平坦な道に出た。道は相変わらず舗装されていない。坂を降りてしばらくすると、町らしいところに出た。休憩をとることにしてレストランに入った。客は一人もいない。ナンダセーナさんの話では、近くに原住民が住んでいて時折観光客が訪れるようだ。寄ってみたい気もしたが、何時に目的地に着くかもわからないので、お茶を飲んだだけで出発した。

なにもない一本道を一時間も走ると、村らしい集落があらわれるが、すぐなにもない野原に出る。途中、軍の基地があるのだろうか、テロを見張る小屋のようなものに出会う。

何回か村らしいところを通過したら、まったく何もない広い平原に出た。道は前方遙か彼方に続いている。何十キロ先まで続いているのが見える。道の先が細くなって地平線に消えている。地平線に消えている道だが、まるで天に昇っているような景色だ。今まで眺めてきた風景とは違って別世界だ。このままずっと眺めていたい気持ちになる。でも、ここはテロの危険性がある危険地帯だ。そんなことを思うと早くここを通過したい気持ちにもなる。すれ違った車は一時間で三台くらいだ。

アンパーラの町並みに出たのは午後三時だった。

ナンダセーナさんも初めての場所なのでどっちに向かえば目的のお寺に着くかわからない。何回か通りすがりの人に聞いてやっとお寺にたどり着いた。

お寺では、三人の僧たちが、ピリットをしてくれた。今まで初めての経験である。私たちの旅の平安をお祈りしてくれたのである。

僧三人が椅子にすわり、その前にゴザが敷いてありそこに私たちが正座する。大きな団扇を扇ぎながら僧たちがお経をあげる。十分も経っただろうか。お経が終わると私の右手に木綿の糸を巻き付ける。よくわからないが、なんだか御利益がありそうな気がする。

このお寺は私たちが行く直前まで、津波の被害者たちの避難場所になっていた。まだ給水用のプラスチックの樽がいくつも残っていた。私たちが訪問したのは、津波があってから数か月後である。

翌日、お坊さんが津波の跡に案内してくれた。椰子の樹の多くが傾いていた。地面には住宅があったという印に土台だけが残っていた。瓦礫は外国のボランティアによって殆ど片付けられていた。ここが私の家だったという男性が指す場所には、コンクリートの土台だけが残っていた。津波は椰子の樹上まで来たという。

姉と二人で津波に流されたというタミル人の女の子もいた。残念なことに姉は亡くなったそうだ。帰りに避難場所になったというお寺に寄った。津波は海岸から五百メートル離れたこのあたりまで来たそうだ。近くには外国からの支援で建てられた避難者用のテント村もあったが、人の気配がしなかった。聞くと、日中は暑くてテントの中にはいられないそうだ。それでここに住んでいる人たちはいないとのことだった。立派なテントなのにもったいないと思ったが、陽を遮るもののない場所でのテント生活は無理だ。

テント村からお寺に帰ると、隅の水くみ場でタミル人らしい男性が何かを洗っていた。

この男性はタミル人だが、このお寺に避難していた時に僧やシンハラ人たちに大変親切にしてもらったので、そのお礼にお寺の手伝いをしているのだそうだ。この地域にはタミル解放の虎というゲリラが潜んでいる。僧たちも虐殺されている。タミル人だけどシンハラ人たちに親切にしてもらったことに感謝しているのだ。

同じような出来事にも出会った。

次の日のことである。Ｋさんの建設した幼稚園を見学するためにお寺を訪問した。幼稚園はお寺が経営しているのである。白と緑の制服を着た幼稚園児たちが迎えてくれた。

園児を前に僧の園長が挨拶し、その後、親子連れの二組を紹介した。シンハラ語なので何をいっているのかわからなかった。

式後、僧が私に言った。

「さっきの親子はタミル人です。宗教は違うけれどこの幼稚園に入れてくださいと言ってきた児たちです。この児たちは津波で被害を受けてこのお寺に避難してきた人たちです。その時、このお寺で僧やシンハラ人たちにとても親切にしてもらったそうです。そんなすばらしい僧やシンハラ人の児のいる幼稚園に私の児を入れてほしいと言ってきたのです。」と。

僧は続けた。

「私たちはどんな人たちも受け入れます」と。

門の入口には、タミル解放の虎に虐殺された僧たちのお墓が芝生の中に建っていた。

新しく日本の学校と交流を希望している学校も訪問した。

最初に訪問する予定のサッダシッサ学校の校長が、私が到着したその日、明日のことで打ち合わせをしたいというので、ホテルですることにした。でもこのホテルにはロビーなどなく、外の四畳くらいの広さの場所にテーブルと椅子がおいてあるだけだった。私の部屋はベッドとトイレ兼用のシャワー室があるだけなので、腰掛ける場所もない。しかたがないので、外のテーブルですることにした。もう暗くなっていた。私は長ズボンに靴下を履いていた。テーブルに座ってすぐに足首を蚊に刺された。靴下の上から掻く。すぐ刺される。掻く。何カ所刺されたかわからない。右手は足を掻きっぱなしである。ところが校長はまったく刺されないのであろう。両手はテーブルの上である。私は炭酸ガスをたくさん出しているのだろうか。スリランカでは蚊に刺されたら殺しはしない。追い払うだけだ。それは、殺生が禁じられているからである。校長は我慢していたのだろうか。不思議な体験だった。

打ち合わせ後、レストランに招かれた。薄暗い部屋で乾杯した。常温の生暖かいビールだったが、校長は何も言わなかった。スリランカでは常温のビールを飲むのが普通かと思ったほどだ。でも校長のもてなしがうれしかった。

翌日、学校挙げての歓迎を受けた。各教室にも案内された。どの教室も子どもたちの輝く瞳に満ちていた。女の先生が多かった。教室では、担任の先生の名前とその先生のすばらしい点を教えてくれた。校長の英語はまるで日本人が英語を話しているように聞こえた。だからほとんど理解できた。多くの先生方のよさを瞬時に話せる校長はなかなかいない。

スリランカでは、午後二時ころには下校になる。先生方も帰宅する。

私が訪問したこの日は、子どもたちが帰っても先生方は校長室に集まっていて帰らなかった。それは私に日本の教育について聞きたかったからだ。先生方は熱心に質問した。まだ質問したい先生もいたが、校長が私にお昼にしようと言った。

その時、通訳兼運転手のナンダセーナさんが

「危険です」と言った。

「えっ」

「暗くなると、途中が危ないです」と真剣な表情で言う。

私はあの何もない原っぱを思い出した。ここは危険地帯のアンパーラなのだ。

私は途中暗くなると危ないので、すぐ失礼しますと断った。

校長は残念そうな表情をしたが、右手を差し出し、私の手を強く握った。

私たちは、幸い途中何事もなくキャンディに到着した。

その後、アンパーラには行っていない。校長は退職してしまったかもしれないが、もう一度訪れたい地域である。子どもたちの輝く瞳と先生方の情熱に惹かれるものがあるからである。

ないけどいっぱい

「マルシャニーが姉のところに食べ物をもらいにきたそうです」

茨城県のT小学校に向かう車の中でサジーさんが言った。マルシャニーは私の里子である。会うたびに満面の笑顔で迎えてくれる彼女が食べ物に苦労しているなんて考えもしていなかった。

このことが契機となり、里子たちにアンケートを実施した。里子たちの実態を把握するためであった。

調査した約半数の里子たちが「ごはんを食べられない時がある」との回答であった。でも、メルビン氏もサジーさんも時間がなくて食べられないケースも入っていると主張していた。私はアンケートの設問からは里子たちがそんなケースも入れて回答することはないと思った。それで実際に里子たちの生活の実態を把握しようと、里子たちの家庭訪問が始まった。

彼らの家庭を訪問して、初めて彼らの回答が真実であることが判明した。

マルシャニーと同じようにどの里子も満面の笑顔である。貧しさを感じさせる素振りはまるでない。でも、彼らの生活は非常に厳しいのだ。それが家庭訪問してみてはっきりわかった。メルビン氏たちの想像をはるかに超えていた。

マルシャニーには訪問の度に、日本でカロリーメイトを仕入れてプレゼントした。朝一個を食べるとして一か月分のカロリーメイトである。

その後、里親さんたちの会合で里子たちの現状を報告した。最初に立ち上がったのが野口氏であった。基金を設定し里子たちへの食糧支援が始まった。マルシャニーの一件がなかったら私たちは彼らの厳しい生活を知らず彼らの笑顔からの想像で終わっていたかもしれない。

メルビン氏から電話があった。

里子だったスディシュが先生になったというのである。ポロンナルワの学校だ。彼は通勤するのに着る服がなく困っているというのだ。それに体育の授業も担当するのでTシャツやズボンも靴もないというのだ。買うにもお金がないという。彼は研修期間なので月三千ルピーしかもらっていないのである。これでは食べるのも大変だ。

この時は、彼の体格はわからないが見当をつけてワイシャツや靴など一式を彼の寄宿舎に送ってやった。

彼は昨年、一年間の教師の研修が終わり、一人前の教師になった。現在勤務している学校もないなづくしの学校だ。

早速彼から手紙が来た。安全に飲める水がなく、多くの生徒が病気になっているという手紙だ。ポロンナルワの学校だ。里親さんたちの集まりで、このことを話したらたくさんの寄付が集まった。そこでメルビン氏に頼んで浄水器を学校に届けてもらった。

大学で伝統的なダンスであるキャンデイアンダンスを専攻し、優秀な成績で卒業したが、イベントなどでダンスの依頼があっても依頼に応えられないという男の子もいた。衣装がないのだ。男性の着る衣装は高額である。彼には里親さんたちの寄付で一式の衣装がプレゼントされた。彼は毎年のコスモス奨学金式でキャンディアンダンスを披露してくれている。

辺鄙な場所なのでバスもなく、学校も遠いので朝早く家を出て二時間以上も歩いて行くという里子も大勢いる。帰りも同じように歩いて帰ってくるのである。そんな彼らに有志の方から自転車がプレゼントされている。

大学で専門教科を勉強しているが、それに関する辞書や参考書が買えなくて困っているという子もいる。化学の辞書であったり、英語関係の辞書であったりだ。

そんな彼らに個人やロータリー関係の方々から手が差し伸べられている。

里子たちからの手紙である。

「ふたばアーロカヤ基金のお父様へ

貧しい家庭の私にお父様がご支援くださいましたので、毎日ご飯を食べることができています。心から感謝いたします。…貧しい私たちはご飯を食べられない日が多いです。ご支援を受けたので三食食べられます。一生懸命勉強できます。前は朝昼食べられず学校に通っていました。…そんな私に奨学金をくださっているコスモス奨学金代表のお父様が食べ物を持ってきてくださいました。それで勉強をしていました。…大勢の子どもたちが「ふたばアーロカヤ基金」のお陰で、心配なく学校に通っています」（マルシャーニ）

「ふたばアーロカヤ基金のお陰で、毎日ご飯が食べられます。毎月いただくお金で食料を買っています。感謝の言葉がありません」（デービンド）

「ふたばアーロカヤ基金」で現在十八名の里子に食糧支援をしている。その他「ムデイタ基金」「メッタ基金」「カルナ基金」「ウベクシャ基金」からも食料や辞書などの支援している。

高校生以上の学生には、「ウイセーシャ・シシャーダラ基金」から特別な奨学金を支給している。

「お母様から英語の辞書をいただきました。…私はAL試験のため勉強していましたが英語の辞書がなくて困っていました。辞書は大変役に立っています。弟もこの辞書を使っています。この辞書をいただいてどのくらいうれしかったか、表現する言葉がありません。」（ディルシャーン）

これは英語の辞書をもらった子どもからの手紙だ。

「お二人にお知らせしたいことがあります。英語の試験で一番よい秀の成績をもらいました。…お二人に何度も何度も感謝いたします。」（ラクシミ）

「一月二十六日は私の人生で忘れられない日になりました。それはお父様から自転車をいただいたからです。代表の先生とメルビンさんが私の家に自転車を届けてくれました。思ってもいなかったので驚きました。このようなことは私の母親にはできません。お父様のお陰ですばらしい自転車に乗ることができます。感謝の言葉がありません。…お父様のようなすばらしい里親様に出会えたことは一生忘れることができません」（シトミニ）

大網ロータリークラブからは食糧支援をしてもらっている。

「…私の父親は決まった仕事がなく、ご飯を食べられない私がいつもありました。朝ごはんも昼ごはんもなく学校に通っていました。今日からは大網ロータリークラブの皆様からのご支援でお昼を持って学校に行けます。大変うれしいです。…」（マルシカ）

「私は両親と祖母と弟の四人で暮らしています。一食抜きの日がたくさんありました。…そんな私たちに食料は大きな宝物です。父親は体が弱いので仕事があまりありません。仕事のある日にもらったお金で食べ物を買って食べています。父親の手は豆だらけです。その手を見ると涙が出ます。…こんなひどい生活をしている私たちに食糧支援をしてくださる大網ロータリークラブのお母様お父様に感謝の言葉がありません。」（ヤシル）

柏東ロータリークラブからは図書室と図書を寄贈してもらっている。

「柏東ロータリークラブの皆様から私のお寺に図書の寄贈がありました。心から尊敬し感謝いたします。いただいた辞書や雑誌や専門書など学校の子どもたちや先生方、地域の子どもたちや両親などが利用しています。たくさんの専門書があるので学生たちからはよい評価をもらっています」

（スリプンニャ・ワルダナラマヤ寺院　アマラワンサ僧）

どんなに苦しくても自分の夢に向かって懸命に努力している彼らから教えられることが多い。

僧

大きな池の真ん中に釈迦が祭られている。今まではイグアナの住むただの荒れ果てた池だったが釈迦堂が建っただけで見違えるほどの景観になっていた。ここはＳＮＥＣＣの敷地である。

今日は、ここで得度式があるというので参加するために来たのである。

池にかけられた参道を渡ると、何組かのグループがいた。僧もいる。普段着から僧衣に着替えている子もいる。頭に石けんをつけて僧に剃ってもらっている子もいる。

私が知っている範囲では、僧になるケースのほとんどが貧困だった。だからかもしれないが、頭を剃ってもらっている子も、それを見ている母親も悲しそうに見えた。母親は自分の子を僧にしたくないのではないか。貧しさのためにしかたなく僧にしているのだ。彼女の気持ちは相当つらいはずだ。そんな思いで得度式に参加していた。

私が関係しているコスモス奨学金のスリランカ事務局のアマラワンサ僧も家庭の事情で僧になった人だ。

彼は十二人兄姉の末弟だ。彼が幼い頃彼の父親は象に殺されてしまったのだ。彼の故郷はアヌラダプラである。

ここは今でも朝晩象が出没する。電気の線が張られているが、子どもたちの通学路はもちろん住宅の側まで出没する。どのような経緯で彼の父親が殺されたかはわからないが、一家の大黒柱がいなくなったのだから大変である。この地方は貧しい家庭が多い。農業中心の生活をしているが度々の干ばつや洪水で思うように収穫はできない。だからほとんどが貧しい家庭なのである。そんな中で大黒柱を失ったのだから想像を絶するほどだったろうと思う。

母親が考えた対策は、末弟の彼を僧にすることだった。お寺に預ければ食べ物にも苦労しないし、勉強の心配がない。彼がお寺に預けられたのは小学校低学年の時だったらしい。お寺に彼を連れていったのはいちばん上の兄だったそうだ。きっと母親には彼を連れて行く勇気がなかったのだろうと思う。

心の準備もない突然のことだったので、彼も相当悩んだらしい。何度も家に帰ろうかと思ったそうだ。でも、それを遮ったのは、食べ物にも苦労せず勉強もできる環境だった。母親が彼を選んだのは、兄弟の中で彼が一番賢かったからだと思う。

彼は今、僧の位で上位の方にいる。それだけ勉強しているのだ。

ＳＮＥＣＣにアッサジさんという僧がいる。彼も貧しい家庭で育っていた。食べ物もろくに食べられず、勉強もできる環境でなかったのだそうだ。そこで彼が選んだ道が僧なのだ。食べ物の心配もいらない。いろいろなことを勉強することができる。だから僧の道を選んだのだと彼は私に話した。

エルピィティヤのシーバリお坊さんは違う。彼は小さいとき僧が村人たちに接している姿を見て、自分もそのような人になりたいと思って僧になった人だ。彼のお寺では僧を育成している。私が調査で訪問した時、三人の僧になる子どもたちがいた。私は家庭の事情で僧になる人が多いと思っていたのでシーバリ僧に伺ってみた。

「あの子どもたちはどうして僧になるのですか」

「自分の意思でここに来た子どもたちです」

ほとんどの子どもたちが家庭の事情で僧になるのだと思っていたので意外だった。でもたまたま自分の意思で僧になりたいという子どもたちに出会ったのだろうと思い、

「シーバリお坊さんの所には僧を希望するたくさんの子どもたちが来ると思いますが、その動機で一番多いのは家庭の事情ですか」

「そんなことはありません。ほとんどの子どもたちが自分の意思でここにやってきます」と答え、彼自身の僧になった動機を話してくれた。僧は十歳くらいの子どもたちにも大きな影響を与えているのだと思った。


このお寺で僧になる子どもたちの生活は一日の日課が決まっていて厳しい。一人で外出することは許されない。お金もくれない。外出するときは僧と一緒だ。時には欲しいものを僧が買ってくれることもあるという。

このお寺での子どもたちの日課は

五時三十分、　起床。お寺の清掃
七時十五分、　布施堂で祈りの準備
七時三十五分、　仏への祈り
七時四十五分、　朝食。布施堂の清掃
八時三十分から十時三十分、勉強

十一時、　　　　礼拝の準備
十一時三十分、　仏への祈り
十一時四十五分、　昼食
十二時十五分から五時四十五分、勉強
十九時、　　　仏への祈りとピリット
二十時から二十一時、勉強
二十二時、　　　就寝

シャワーは十一時までにすませる。

一日に二回シャワー室とトイレの清掃。土日は、僧衣の手入れと剃髪をする。

アマラワンサ僧の普段の日のスケジュールは次の通りである。

五時、　　　起床、座禅、ピリットの放送。
六時、　　　寺内の清掃。
六時三十分、村人の持参した供物を仏に供える。
七時三十分、朝食。
八時三十分、仏典の研究。
十時、　　　寺の仕事。

十一時三十分、仏に昼食を供え、自分も昼食を摂る。
十三時、　寺の仕事。
十五時、　仏典の研究。
十七時、　ピリットの放送、村人からの相談などに対応。
二十時、　仏にお経をあげる。
二十二時、　就寝。

仏の心

ポロンナルワのガル・ビハーラ遺跡を今回初めて訪問した人たちを連れて見学した。釈迦の涅槃像の左側にある立像は私の好きに像の一つだ。釈迦が説法している姿だと現在はいわれているが、私はその表情から弟子のアーナンダが釈迦の死を悲しんでいるように思えるのだ。考古学的には台座が蓮だから釈迦だというが、学問的なことより私はそう思いたいのだ。

遺跡見学の後、みなさんがトイレに行っている間、食べ物を売っている店を見学した。最初に目に入ったのが水の入ったペットボトルだった。その中に三リッター入りのペットボトルが三個並んでいた。

このペットボトルを見た時、三日前に訪問した里子の家のことを思い出した。

飲み水のことを聞いたら、買っているという。一リッター二ルピーでお寺で売っているというのである。大人一日二リッターは必要といわれているから、大変な出費である。今回里子になったこの子は、制服が一着しかないので、洗って干しても乾かないと濡れたまま着て学校に行っていると奨学金希望の手紙に書いてあった。こんな家庭では、水を買うなんて相当苦しいはずである。飲みたい水もがまんしているのかもしれない。この家庭では三リッター入るペットボトルに買った水が入っていた。

アヌワダプラやポロンナルワはスリランカの穀倉地帯である。ここで収穫されたお米は全国に出荷されている。年二回収穫可能だし、巨大な貯水池もあるから順調にいけば、生活も安定する。省力化して多く収穫したいので、銀行から借金して機械化する。多く収穫したいのでたくさんの農薬を使う。そんな循環が、この地帯を深刻な水環境に変えてしまったのだ。

私たちは里子の家を訪問する時は、お米をお土産として持っていっている。この穀倉地帯の家庭を訪問しても同じだった。

今日は、これから二軒の里子の家を訪問する。私は水に困っていると聞いていたので、里子への土産にホテルの部屋にあるペットボトルを三本持ってきている。それよりこの三リッター入りのペットボトルの方が喜んでくれると思った。

私がじっと水を見ていたので、男の店主が寄ってきていろいろ勧めだした。

私は三リッター入りのペットボトルを指していくらだと聞いた。

「二五〇ルピー」という答えが返ってきた。

買おうと思ったところにメルビン氏がやってきた。

「なにがほしいのか」と言うから

「あの水だ。里子のところに持って行くのだ。」と指す。

メルビン氏が店主に聞くと

「一八〇ルピー」と値が下がった。

外国人だから私には高くふっかけたなと思った。

メルビン氏が店主に言った。

「水に困っている子どもたちのところに持って行くのだ」と。

店主から返ってきた値段は「無料」だった。

有名な観光地に店を出している人たちは、商魂たくましいはずである。その商人から「無料」の答えが返ってきたのだ。商魂たくましい中にも、仏の心が確かに生きているのだ。

私は彼の気持ちだけいただいて最初のいい値で払った。

第二部　旅へのアドバイス

ガイドブックなどであまり触れられていない事項を取り上げてみた。

〇両替・電気など

両替は空港でできる。町の銀行でもできるが時間がかかる。レートは町の両替商の方がレートはいいが、不安がつきまとうから避けた方がいい。

チップは五十ルピーから百ルピー程度。レストランなどでは既に請求書に入っていることもある。ホテルではだいたいサービス・チャージとして入っているケースが多い。

電圧は二百二十ボルトから二百四十ボルト。コンセントのタイプは丸ピンのＢ３が多い。平ピンも見かける。三本ピンの上のピンはロック解除のピンだ。二本ピンでも上の穴にボールペンなどを差し込んでロックを解除すれば使える。

水はミネラルウオーターを勧める。水道水はそのまま飲まないこと。レストランの水も避けた方がよい。学校でも水道水をそのまま飲まないように指導している。ほとんどのホテルの部屋にミネラルウオーターが置いてあるが、消費期限を確認しよう。消費期限を過ぎているものがある時もある。

〇お寺

お寺の敷地に入るには素足が原則である。裸足同然の生活をしているスリランカ人にとって素足になるのは抵抗がない。でも観光客の多くはそんな生活をしていないのだから、ちょっと抵抗があるだろう。靴下のままで大丈夫だ。ここは神聖な場所なのだからその習慣に従おう。大きなお寺では靴を預ける場所が準備してある。そこへ履物を預けてから境内に入る。料金が必要な場所もある。

参拝の仕方にもルールがある。

最初に拝むのはパゴダである。パゴダには仏様に縁のある品（遺骨など）が納められている。次に菩提樹を参拝する。菩提樹はお釈迦様が悟りを開かれたゆかりの樹だ。最後に仏様を拝む。スリランカでは、この順序を守って参拝しよう。きっとご利益があるはずだ。

服装にも注意しよう。肌を露出し過ぎた服装は厳禁である。ランニングやミニスカートでは中に入れてくれない。お寺によっては上に羽織るものを貸してくれるところもあるが、注意しよう。

写真撮影に制限があるところは少ない。ただフラッシュは禁止されているところが多い。文化財保護のため心得ておきたい。

スリランカでは公立学校は九千六百八十五校あり、そのうち七百十五校が僧の学校である。また、日曜日にお寺で日曜学校も行われている。この学校では小さい子どもから高校生までが仏教の勉強をしている。このことからもスリランカでは仏教がいかに大切にされているかがわかる。

スリランカは、小乗仏教の国である。日本は大乗仏教である。

僧は朝早く起き、仏様に灯明と花を供えお経をあげ境内を清掃する。村人が布施する食べ物をいただく。お昼も同じである。スリランカの僧は正午を過ぎると、翌日の朝まで飲み物は別であるが食べ物を口にしない。これは釈迦の教えで、悟りを開くための修行である。生活すべてが修行だそうだ。

村人が僧のために食事を準備してお寺に持っていくが、当番制である。食物を入れる決まった容器があり、それに食べ物を入れて持っていくのである。食べ物の種類は決まっていない。それぞれの家庭で違う。お寺に食べ物の布施をするのも功徳になる。功徳を積むことで来世での幸福を願うのだそうだ。でも、村人たちの布施はいつもお世話になっている僧たちへの感謝の表れのように思える。

実際、僧たちは村人たちの生活の中身までよく知っている。そして何か問題があれば手を差し伸べている。村人たちに悩みがあれば僧に相談している。お寺が中心の生活共同体なのだ。

僧はみんなから尊敬されている特別な存在なのだ。僧には特別な言葉を使う。「食べる」はシンハラ語で「カナワ」というが、僧に対しては「ワラダナワ」という。「ワラダナワ」という言葉は一般の人には絶対に使わない。バスには僧の指定席がある。混雑しているお店では最優先で買い物ができる。大統領でも僧には接足礼をする。僧の座る椅子にはきれいな白い布がかけられている。間違っても世俗の私たちは座ってはいけない。

集会のある時は、最初に灯明を点し、お経をあげる。小さな子どもたちまでお経をあげている。覚えているのだ。そのお経の一つを紹介しよう。三帰依（ティサラナ）という

ブッダン　サラナン　ガッチャーミー　　仏の導きに従って生きます
ダンマン　サラナン　ガッチャーミー　　法の導きに従って生きます
サンガン　サラナン　ガッチャーミー　　僧の導きに従って生きます

右の句を三回繰り返すが、

二回目は「ドゥティヤン・ピ」を三回目は「タティヤン・ピ」を右の句の最初に付け加える。

市民は五戒（パンチャ・スィーラ）を守って生活している。五戒とは、「生き物を殺さない」「盗まない」「淫らなことはしない」「嘘をつかない」「酒を飲まない」のことである。

お寺には日曜日に行くことを勧める。日曜学校があり地域の人たちも多く集まっているからである。

○シーギリヤ

観光客の一番の人気の場所だ。十八世紀にイギリスの探検隊によって発見された遺跡だ。シーギリヤレデイのフレスコ画で有名である。約千二百段の階段が続く。体力に自信のない人はヘルパーがいるので雇おう。値段は交渉次第である。年寄りのヘルパーはいない。みんな若者である。交渉しないと二人もヘルパーがついてくることになるので、注意しよう。ガイドもいる。これも交渉次第である。だいたい二千ルピーが相場のようだ。中年の男性が多い。女性はいない。

シーギリヤレディまでが半分の行程である。シーギリヤレディは何のために描かれていたか不明だ。カッシャパ王が殺害した父親の冥福を祈って描かせたという説もある。悪王として伝わっているが、善政をしたという説もある。いろいろな思いを巡らしながら見学しよう。

壁画を過ぎると鏡の壁といわれるミラーウオールに出る。通路の反対側に描かれていた壁画が映るようになっていたという説もある。この壁には十八世紀に訪れた人たちがシーギリヤレディーの壁画を賛美した詩が書かれていたそうだ。今は痕跡もないが、六百八十三編の詩が書かれていたという。その詩の中から賛美の詩句を紹介しよう。

「この若き乙女ら」「天国よりもなお魅力的な」「あなたの眼は、言わば、睡蓮」「その唇は、フェニキアの花、」「あなたのほほえみは、白い百合」「あなたの歩みは、雌の若い白鳥のそれ」などと表現されている。

残念なことに現在シーギリヤレディは撮影禁止だ。

体力に自信のない人はこの先のライオンの足の遺跡を見てから階段を下に降りて駐車場へ向かおう。標識がないので間違って入り口の方には降りないこと。

シーギリヤではこのところ蜂の被害が多く発生している。鏡の壁から急な階段の登ったところが宮殿跡への上り口だ。切り立った岸壁にライオンの両足だけが残る大きな像がある。ここが上り口だ。昔はランオンの顔と胴体があったというが今はない。弟の王によって破壊されたが、足だけは残っている。顔と胴体の痕跡が岩肌に微かに残っている。元は岩肌は白く塗られていたそうだ。長い年月で塗料が筋となって流れて、今もその痕跡がある。その痕跡のないところに顔と胴体があったのだ。詳しく観察してみよう。

広場の右手に蜂からの避難場所がある。網で囲ったものだ。以前はここに蜂よけの全身を覆うゴム製の服があった。心配な人はそれを着て登るのだ。でもそれを着て登る人はきわめて少ない。暑いだろうけれども着ることを勧める。被害者の惨状をこの眼でみたからである。一人二十か所くらいは刺される。恐怖だ。

二〇一四年に訪問した時、雇ったガイドが蜂の話をした。八月は蜂の被害があるが、一月には蜂はどこかに行って留守だと。私たち一行が被害に会ったのはガイドが留守だと言った一月だ。私たちが被害に会った後も、連日被害が続出したという。十分注意しよう。

またこんな噂もある。観光客の香水に反応するとか、騒音に反応するという噂である。真相はわからない。

○仏歯寺

仏歯寺は入り口にムーンストーンがあり、ここから入るのだが、現在のものは新しくしたものだ。前のものは内戦時代にテロの若い女性の自爆で破壊されてしまったのだ。それは今、王宮跡の誰も訪れない場所に置かれている。

全国から仏教徒が集まってくるお寺である。仏様の犬歯が祭られている。夏のペラヘラ祭りは有名である。

時間によって仏様の犬歯が納められている入れ物が公開される。ゆっくり拝見する時間はないがたくさんの宝石で飾られた入れ物がすぐそばに見える。ぜひ拝観したいものの一つだ。

時間があれば、経典の収められている部屋も拝見したい。木の葉をなめしたものに経典が書かれているものだ。丸っこい文字がびっしり書かれている。

二階の供花台の周りには祈りを捧げる人たちが大勢いる。その姿を見ていると敬虔な気持ちになる。裏にある展示室には、釈迦の一生を描いた額が掲げられている。正面には多くの仏像に混じって日本から寄贈された仏像が安置されている。ぜひ見ていただきたい。

仏歯寺の中にはトイレはない。頼めば係りの人が近くのトイレに案内してくれるが、仏歯寺の前にいいトイレがある。クイーンズホテルである。道路の角が入り口である。ここはペラヘラ祭りの時の特等席だ。ペラヘラ祭りの時の部屋の値段は高い。道路に面した部屋はべらぼうに高い。私たちはこのホテルの特等席の前でペラヘラ祭りを見学したことがある。見学席からすぐホテルの中に入れるから便利だ。ご飯も食べられるしトイレの心配もない。

ホテルを入って斜め右に進むとトイレがある。外国人なら咎められはしない。ぜひ利用しよう。お昼近くならレストランも利用してみよう。バイキングだが結構おいしい。

○アヌラダプラ

余裕のある人はガイドを雇って一日じっくり見学したい。時間とお金に余裕のない人に勧める方法がある。菩提樹とルワンウェリ・サーヤ大塔だけを見学するのだ。見学料は三十ドルだが、この二つだけを見学するには見学料はいらない。チェックゲートを通らなくていいからだ。他の遺跡を見るにはゲートを通過しなければいけないから当然見学料が必要になる。スリランカのために寄付するなら別だ。このことは私たちがいつも世話になっているバスの運転手から聞いたのだ。いつもガイドしているメルビン氏も知らなかったことだ。

今、菩提樹は枯れかかっている。その原因はわからない。いろいろな説がある。人が近づきすぎるからだとか、中には穢れた女性が近づいたからだという説もある。聖域だからそんな説も生まれるのかもしれない。そんな訳で残念なことに現在は、菩提樹に近づくことができなくなっている。

私が一九九七年に訪問したときは、銃を持った男性と女性の兵士が警備していたが、菩提樹の傍まで行って樹に触れられたのだ。

唯一菩提樹に近づけるのが向かって左手の場所だ。ここは記念撮影に格好の場所だ。

トイレにも触れておこう。菩提樹の敷地内にはトイレはない。大塔から少し離れたところにあるが、きれいではない。お勧めは僧院のトイレを借りることだ。菩提樹の境内の右手に僧院がある。入り口に門番がいるが、トイレだと言えば通してくれる。僧院の中央あたりにトイレがある。掃除の行き届いたきれいなトイレだ。

菩提樹から大塔へは石畳の道を歩く。猿や鳥がいる。気をつけなければいけないのが犬だ。野良犬だ。やたらに寝そべっている。予防接種なんかしていないから噛まれたら危険だ。十分注意しよう。冷えたミネラルウオーターも売られるようになってきている。冷えた水はおいしい。でも注意しよう。消費期限の過ぎたものもあるからだ。

塔を一巡する時は、右回りで回ろう。時計と同じだ。左周りは厳禁だ。

菩提樹を見学して大塔に行く前に立ち寄ってもらいたいところがある。個人の経営しているお店だがハーブティなどの飲み物を売っている店だ。

店の名前はない。飲み物の名前が掲示してあるだけだ。菩提樹の正面口から出ての道を右に曲がって行った左手にある民家だ。お勧めはハーブティーだ。体によい飲み物だそうだ。飲みやすく体に効きそうな味の飲み物だ。アーユルベーダーの一種かもしれない。ホテルでも扱っているところもあるが、やはり民家で扱っている方が趣があっていい。ハルパも売っている。手作りのおいしさがある。

（第一部の「お見舞い」を参照）

○ポロンナルワ

私のお勧めは、ガル・ビハーラにある三体の仏像である。涅槃像は月夜に訪れると衣紋が一層美しく見えるという。中央の立像は釈迦が説法をしている姿だというが、私は一番弟子のアーナンダが仏陀の涅槃を悲しんでいるように思える。目元や組んだ腕からそれが伝わってくる。何度見ても惹かれる仏像である。

像を眺めながら製作当時の様子を思い浮かべてみるのもよい。

○ゴール

世界遺産に登録されているゴール市街には新婚さんが多く見られる。伝統的な衣装を纏った新婦は格別美人に見える。男性もイケメンに見える。記念に撮影しておこう。お礼に折鶴でもあげたら喜ばれること間違いなしだ。一緒に写真を撮っても喜んでくれる。おおいに祝福してあげよう。

市街の先の海岸沿いに突き出た展望台がある。ここからの展望もいい。一月頃ならここで珍しい花に出会えるはずだ。シンハラ語でムーディッラ、英語でパランシニアという花だ。何か鳥に似た形の花だ。展望台の手前にある。場所がわからなければ、そこに店を出している老人に聞けばわかる。私が花の名前を聞いたのがその老人だからである。

もう一つお勧めがある。観光客が多いときは、展望台の淵に立っている髪の毛の長い細身の若者がいる。名前はアサンカという。彼はここから三十メートルはあろうかという海にダイビングする若者である。海底が見えるほどの浅い海へだが、一箇所深いところがある。そこをめがけてダイビングするのだ。展望台の淵に立ってそこから飛び込むと海まで届かず岩場に落ちてしまう。だから、助走をつけてダイビングするのだ。このショーは交渉次第だが二千ルピーだ。私は何回か彼から誘いを受けたが断っていた。彼は日本のＴＢＳでも放送されたというから失敗したことはないと思うが、こんな高いところから飛び込んだらと危険を感じたからだ。その日は大勢の仲間と一緒だった。例によって彼が誘いの言葉を投げかけた。私たちの連れが見たいと言った。メルビンの顔を見たらどうぞという顔である。それで初めて彼のショーを見たのだ。

展望台の端から細身の体を助走をつけて飛ぶように海に飛び込んでいった。深い穴に吸い込まれるように彼の体が海に消えた。見事だった。彼は浮き上がると右手の小高い岩に登りそこからもダイビングして見せた。

切り立った展望台の岩肌を軽々と登ってきた彼に家族のことなど聞いた。彼の家族は母親と妻と赤ん坊である。彼はこのダイビングで生計を立てているのだ。

ゴールを訪れたら彼の生計の助けのために彼の見事なダイビングを観賞してほしい。

○岩窟寺院

世界遺産に登録されている。車なら中腹まで入れるが、できれば麓から往復する方がいい。階段を登り降りするのだが、階段の脇に出店している露天を見学しながらの往復は楽しい。色のついた岩石や骨董品が並べられている。思いがけない掘り出し物が見つかるかもしれない。

五つの岩窟があり、それぞれ特徴がある。天井全面に壁画が描かれたりしているが、ガイドに説明してもらった方がよい。

○空港

バンダラナヤケ空港は搭乗者と到着者の通路が渾然としている空港である。到着して搭乗者の待合室に直接行ける。初めての人はどこに入国ゲートがあるのかわかりづらい。荷物を受け取ってからどっちが出口なのかもわかりづらい。税関も係員はいるがフリーパスだ。以前はトランクを開けさせたりしていたが、内戦が終わってからは特別なケースでない限り検査はない。

注意しなければいけないのは、荷物のとり間違えだ。日本人のグループには注意しよう。グループでの荷物は全員が荷物を把握していないので適当に自分たちの荷物と思ってカートに積んでしまう。特に中高年の女性には注意しよう。悪意があってしているのではないが、困ったものだ。私も一度こんなグループにダンボール箱を積まれてしまったことがある。荷物が出てこないので、もしやと思い探してみたら、グループのカートに積まれていた経験がある。

○トイレの話

街中には公衆トイレらしいものはある。でも衛生面ではかなり低いレベルだ。田舎では公衆トイレみたいなものは見当たらない。人気のない場所で用を足すか、民家のお世話になるしかない。それも庶民の生活を知るよい機会かもしれない。

場所によるが、以前に比べればトイレはきれいになってきている。男性が一番困るのは男性用のトイレである。背は日本人と同じ程度なのに便器の位置が高すぎる。欧米人のための高さである。だから上を向けて用を足すしかないのである。女性用は知らないが高さは関係ないから心配ないのだろう。

ただ、現地の人たちが利用するトイレは気をつけたほうがいい。恥ずかしい話だが、あるレストランで間違って女性用のトイレに入ってしまった。幸い用を足している間に女性がこなかったが、蓋から便座まで水だらけなのだ。間違って水をこぼしたと思ったが、これでは女性は用を足すわけにはいかない。トイレットペーパーはホテルくらいしか備わっていない。だからトイレットロールを持参することだ。スリランカ人をホームスティさせた日本人が、スリランカ人のトイレの後のことを書いていたが、同じように水だらけだったそうだ。注意しよう。

○セイロンティ　ミュージアム

キャンディに紅茶ミュージアムがある。私もまだ行っていないが、いろいろな紅茶の試飲ができるそうだ。午前九時から午後五時までだ。紅茶をよく知らない人は紅茶を求める前に試飲してみたほうがいい。紅茶工場で買うのもいいが、味もわからず買うのはもったいない。ぜひお勧めする。電話は９４　０８１３８０８２４である。場所はHantane Kandyである。

○キャンディ

スリランカ王朝の都であった場所だ。一年を通して涼しいので避暑地になっている。ホテルも五つ星から安宿まである。富裕層から貧民までが生活しており貧富の差が大きい。

キャンディは食事も美味だし、言葉もきれいであると言われている。それに美人が多いそうだ。ほんとうかどうか確かめてみよう。

キュンディ湖の樹にはカラスが住みついている。特に糞には気をつけよう。

○服装

女性は正式な会合やおしゃれをする時にはサリーを着ている。女性の教師は一日中サリーだ。驚いたことに体育の授業の時もサリーを着ている。

ところでサリーの色だが、色によって高貴な色と貧しい色があるという。またサリーの手といわれる肩から垂らす布を左に垂らすか右に垂らすかで身分を表すともいう。インド式は右に垂らし、キャンディ式は左に垂らすという。身分の低い女性が高貴な人と同じように手を垂らすと軽蔑されるという。でも、スリランカのある女性大統領は右から垂らしたり左から垂らしたりしていたそうだから、多くの人たちは意識していないのかも知れない。

上に着るブラウスだが、体にぴったりするのがおしゃれだそうだ。それとおへそを出すのもおしゃれだという。細身の人は似合わないという。やや太り気味の方が似合うという。私もそう思う。ブラウスは別だが、サリーは体型に関係なくだれでもすぐに着られるから便利だ。

○星空

ポートスケール1の南アフリカのナミブランドには遠く及ばないと思うけれど、都会では到底望めない星空を、ローカルに行ったらぜひ見てほしいのが星空だ。日本では体験するのが難しい光景が見られる。街灯もない暗いところで首をあげてみよう。声を上げるほどの光景が広がっているはずだ。今にも落ちてきそうな感覚を覚える。

私が初めてスリランカで星空を眺めたのは、ヌワラエリヤの場末の飲み屋からグランドホテルへの帰り道だった。ふと見上げた空に、驚く程大きな星が輝いていた。忘れられない星空だった。尾瀬でも体験したが、スケールが違う。ぜひ体験してほしい。

第三部　食べ物・果物

日本では味わえない味覚を体験してほしい。同じバナナでも、不思議なことにスリランカで食べるのと日本で食べるのとでは味がまったく違うからである。紅茶も同じだ。

○椰子

椰子にはいろいろな種類がある。果樹水だけ飲んで、後は捨ててしまうものと、捨てるものがない椰子まである。

椰子のジュースは健康によいといわれている。あるスリランカを訪問した女性が「もう一度飲むとしたら相当な勇気が必要だろう」と書いているが、そんなことはない。よほど若いものを飲んだのであろう。冷えたものはないが、もぎたて椰子のジュースはまずくはない。スリランカを訪問したある男性は「露店で売られている椰子汁を飲んだ。…日本のスポーツドリンク程度の甘さか、それよりも水っぽい感じであった。この国の風土に合った飲み物で美味しい」と書いている。

一個全部飲むのは大変だが、何人かでストローを刺して飲めばいい。お勧めする。病気の時に医者が飲むように勧めるのは、この椰子汁だそうだ。

○紅茶

スリランカのお土産で人気なものの一つが紅茶である。一口に紅茶といっても産地により香りも味も違う。産地は七地域ある。産地の名前で買うよりも試飲して買うのがよい。キャンディにあるセイロンティ・ミュージアムでは各地域の紅茶の試飲ができる。お勧めする。

一番高値で取引されているのはウバ茶であるが、好みもある。

ランクは一番下であるダストと呼ばれている紅茶がある。名前からするとまずい印象があるが、取引されなかった紅茶であり決してダストではない。現地の多くの人たちはこのダストを飲んでいる。値段も安い。

○ジャックフルーツ

ジャックフルーツは、ぜひ味わってもらいたいものの一つだ。ジャックフルーツは、「パンの木」とも呼ばれており、家に一本あれば、食べるのに困らないという。カレーにも使われ、ホテルでも提供されている。でも私が進めるのは、加工しないものだ。よく熟したものの種をお勧めする。コクがあっておいしい。熟した程度により名前が違う。

この木はいたるところにあるからすぐ目に入るはずだ。ただ、この木の下には近づかない方がよい。この実の直撃があるからだ。一撃をくったら大変である。

○ドリアン

ドリアンという果物がスリランカにもある。ドリアンは、他の国のように臭みはそれほど強くない。臭みは別としておいしい。私はお寺で頂いたが、よく熟していて大変おいしかった。臭みはあまり感じなかった。頂いたのは帰国の日の夕食の時だった。帰国した翌日はいつも疲れが残っていたが、この時は疲れを感じなかった。きっとドリアンのおかげだと思っている。ねっとりしていかにも栄養がありそうだった。

○ランプタン

この果物は果物の王女といわれている。見た目はよくないがおいしい。ナイフで筋をつけ、その筋から二つに割れば白っぽい果実が出てくる。それをかじる。甘く、水分もありおいしい。種は食べられないから残す。この果物は季節があるので一年中食べられない。八月ころが最盛期である。

○パイナップル

ホテルでもデザートとして出る。日本で食べるパイナップルとは比較にならない程おいしい。日本では、芯をくり抜いて食べるが、スリランカでは、芯がついたまま出る。芯までおいしいのだ。ぜひ食べてみてほしい。街中でもたくさん売っているし安い。車の中で食べるのもいい。でもナイフがないと困るので、ナイフは持参した方がよい。ある女性が「この国のパイナップルに及ぶものがない」と言っているほどだ。

○キャウン

髪の毛を巻いた形のお菓子だ。お祝いのときなどに出る。お店でも売っている。甘い。

○コキス

小麦粉を捏ねて型に入れ、ココナッツオイルで揚げたものだ。ぱりぱりしてビールのつまみにも合う。何種類かの型がある。

○ハクル

椰子の蜜を煮詰めたものだ。スリランカの人たちは、紅茶を飲むときにこれをかじりながら飲む。甘い。スリランカ人は、紅茶に驚く程たくさん砂糖を入れて飲む。だから、糖尿病患者が多い。でも、最近の研究によると、このハクルは、糖尿病に効果があることがわかったそうだ。

地域によっては露天でも売っている。そんなに高くないので、日本で試してみるのもいいと思う。私は主に料理に使っている。砂糖とは違って穏やかな感じの甘さだ、スリランカのお土産にどうぞ。

○ミルクライス

お祝いの時などに作られる。ココナッツミルクと米で炊いたものだ。そのままでもいいが、ルルミルスなどとともに食べる。ホテルでも提供されている。

○ロティ

小麦粉の生地で野菜や肉や魚などを包んで焼いたものだ。街の店で売っている。中味によって種類がある。ご飯の代わりにはならないが、小腹の空いた時はちょうどいい。

中に卵を入れたものは卵ロティという。結構おいしい。ホテルでも朝食時に作ってくれているところもある。

○ルルミルス

玉ねぎと唐辛子とレモン汁と鰹節と塩を混ぜたもの。作り方によって多少味が違う。おすすめの一品だ。

○カレー

スリランカを代表する料理だ。入れるものによって名前が違う。入れるものは肉、魚、野菜、豆などである。入れるものは単品が多い。家庭によって味も辛さも違う。ホテルでは外国人向けの辛さにしているようだ。いろいろ味わってみよう。

○キンマ（ブラット）

たばこの代わりに噛む習慣もある。噛んでみたい方はどうぞ。でも健康にはよくないという。露天で売っている。

キンマは普通ブラットという。儀礼などに使用する。多くはお祝いや歓迎などに使う。種類は九種類ある。婚礼の時は新郎新婦が両親にブラットを渡す。普通二十枚から四十枚くらい重ねて渡す。葉は表を上にする。裏を上にする時は葬儀の時だ。葉の向きがある。葉の先を相手に向けて渡す。

○バナナ

バナナは十一種類ある。一番おいしいバナナはコーリクッツという名だ。セーニケヘルという名のバナナは糖尿病に効くそうだ。

街中の果物屋でたくさん吊して売っている。いろいろ試食してみよう。好みのものが見つかるかもしれない。

第四部　豆知識

生活に密着したものを取り上げだが、調査不足で断片的なものになってしまった。機会があれば特集で組みたいと思っている。

○ワディナワの言葉

子どもたちは朝晩次のような言葉を添えて両親の足元に跪き足に触れながら拝む。

父親には

UDDIKARO ARINGITWA　　愛情を持って私を
CHUMBITHWA PIYAPUTTAKAN　　守り育ててくださった
RAJAMGGAN SUPATITTAN　　お父様が長生きされるよう
PITUPADAN NAMAMAHAN　　足下に跪いて拝みます

母親には

DASAMASE UREKATWA　　十か月の間、体の中で
POSETI UDDIKARANAN　　ご自分の血を乳にして飲ませてくださった
AYUDIGAN WASSA SATTA　　お母様が長生きされるよう
MATUPADAN NAMAMAHAN　　足下に跪いて拝みます

○長い名前

スリランカの人たちの名前は長い。その名前を全部言うのは大変だ。でもどの部分を呼べばいいのか、よくわからない。シンハラ人でさえ初対面の人をどう呼べばいいかわからない。まして私たちにはまったく見当がつかない。だいたいこの辺りかな、この名前なら短いから、この辺だろうなんて想

像して呼んでいるが、当たる確立は低い。

　どうして長い名前になるのか。あるスリランカの留学生が次のように説明している。

「名前自体を大事にするスリランカ人の文化にあるのではないかと考えられます。つまり名前をつける際、その対象となる場所や、人に期待することや性質、性格などのさまざまな要因を考えた上で、そのすべての意味を名前で表したい気持ちを持つということです。…元々スリランカでは職業や住む場所によって人々を呼ぶようになっていて、名前で住む場所や職業も生活パターン、考え方までわかるようになっていました。普通、誰でも自分自身の住む場所や職業などに誇りを持ち、その名前で呼ばれることを喜んでいたに違いありません。それだけでなく職業や場所が変わったりするたびに、その新しい名前を付け加えたりして、やがて名前が非常に長くなり…最近まで結婚や政治家などの職業には名前が多く関わってきました。つまり、結婚相手を決める際その人はどのような家庭事情なのかなどを注目していたのです。現在でも政治家などの場合は、自分の祖先を表に出しているといえなくもありません。最近の若い世代の中には、長い名前を省略した人もいます。」

○ウエサック祭り

　ウエサックは五月のことである。仏教徒にとってこの月は大切な月なのである。お釈迦様が誕生し、悟りを開き、寂滅された月だからである。

　仏教徒の多くはウエサックカードを交換する。学校では絵の上手な生徒が描いたウエサックカードを使って交換している。

○お正月

スリランカのお正月は四月である。学校も一週間くらいは休みになる。やるべき行事は決まっている。関連する行事を行う時刻も星占いで決められている。どの家庭でもその決められた時刻に行事を行う。

○アーユルベーダー

アーユルベーダーを体験できるホテルもあるが、アーユルベーダーの一部だけである。興味のある方は試してみるのもいい。部位によるが千から四千ルピーくらいで体験できる。私は全身のオイルマッサージをしたが、三日くらいオイルが残っていて困った。オイルが残っていた方が体にいいのかもしれないが、ぬるぬるしていて気持ちが悪かった。

正式には一週間は必要だそうだ。詳しく知りたい方は巻末の紹介本「スリランカ通になろう」「緑の島スリランカのアーユルベーダー」をどうぞ。

○ポーヤディ

ポーヤデイとは満月の日のことであり、休日である。全ての店が休業する。この日、仏教徒はお寺にお参りする。お寺は祈りを捧げる人たちであふれる。仏教徒はお寺で五戒を誓う。五戒とは、「お酒を飲まない」「嘘をつかない」「淫らなことをしない」「殺生をしない」「盗みをしない」だ。十戒というのもある。僧はもっとたくさんのことを誓う。満月の日は事故が多いといわれるから注意しよう。

この日はお酒は売っていないし、ホテルでも提供しない。どうしても飲みたい人は前日に買っておくか、ルームサービスを利用するしか手がない。ただルームサビースはホテルによっては戒めを守って提供しないホテルもある。健康のために休肝日にするのもいいかも。

○食事のマナー

スリランカでは箸もホークもスプーンも使わないで右手で食べるのが普通である。

食事の時のマナーがある。日本でも昔は父親が食事のマナーに厳しかったが、世の中の変化とともにマナーに厳しくなくなってきた。テレビを見ながら食事をしたり、共働きの家庭では、子どもだけで食事をする場合もある。

スリランカではまだ、食事のマナーが生きている。無言で食べる。手の第二関節までしか食べ物に触れないで食べる。手の平などまで食べ物で汚さないで食べるのだ。

日本の「いただきます」に相当する言葉はない。

スリランカの人たちに聞くと、スプーンやホークを使って食べるより、手で食べた方がおいしいという。

○祭り

ペラヘラ祭りが有名である。キャンディのペラヘラ祭りは特に有名だ。仏の歯が象の背中に乗せられて街中を行進する。地方のペラヘラもいいが、キャンディのものにはかなわない。クイーンズホテル前の席で見学したい。お金のある人はホテル内の特等席から見学できるが、一年前から予約しているそうだから予約をとるのが大変だ。ホテル前なら三千ルピー程度で観覧できる。道路を挟んだ向かい側のスリランカ人の信仰の深さも目の当たりにできる特等席だ。

○教育制度

都市部の学校は小学校から高校までが一つの学校であり、児童生徒の数が三千から四千人いる学校が多い。就学年齢は五歳から六歳。小学校は一年生から五年生。中学校は六年生から十一年生で、前期中学校は六年生から九年生で、ここまでが義務教育である。後期中学校は十年生から十一年生。高校は十二年生から十三年生までである。

五年生時に政府の学校選抜試験（奨学金試験）があり、合格すると施設設備の整った学校に転校できる。合格できても奨学金を支給される子どもは少ない。十一年生時にＯＬ試験があり合格しないと高校には進学できない。合格の点数によって進学コースが制限される。

十三年生時にＡＬ試験があり合格しないと大学に入学できない。成績によって進学する課程が決められる。再度挑戦することもできる。大学に入れるのは約三パーセントといわれている。

最近は塾に通う生徒が多くなってきている。五年生の学校選抜試験（奨学金試験）、ＯＬ試験、ＡＬ試験に合格したいという生徒たちのための塾だ。人気の塾ほど経費が高い。社会問題になりつつある。

履修教科はほとんど日本と変わらないが、宗教（仏教）という教科がある。

単位時間は四十分である。授業と授業の間の休憩時間はない。授業の終わりが次の授業の始まりである。唯一ある休み時間は十一時三十分ころにある二十分間である。この休み時間に昼食をとる。

授業が終われば教師も帰宅する。だいたい午後二時頃である。

スリランカの教育制度

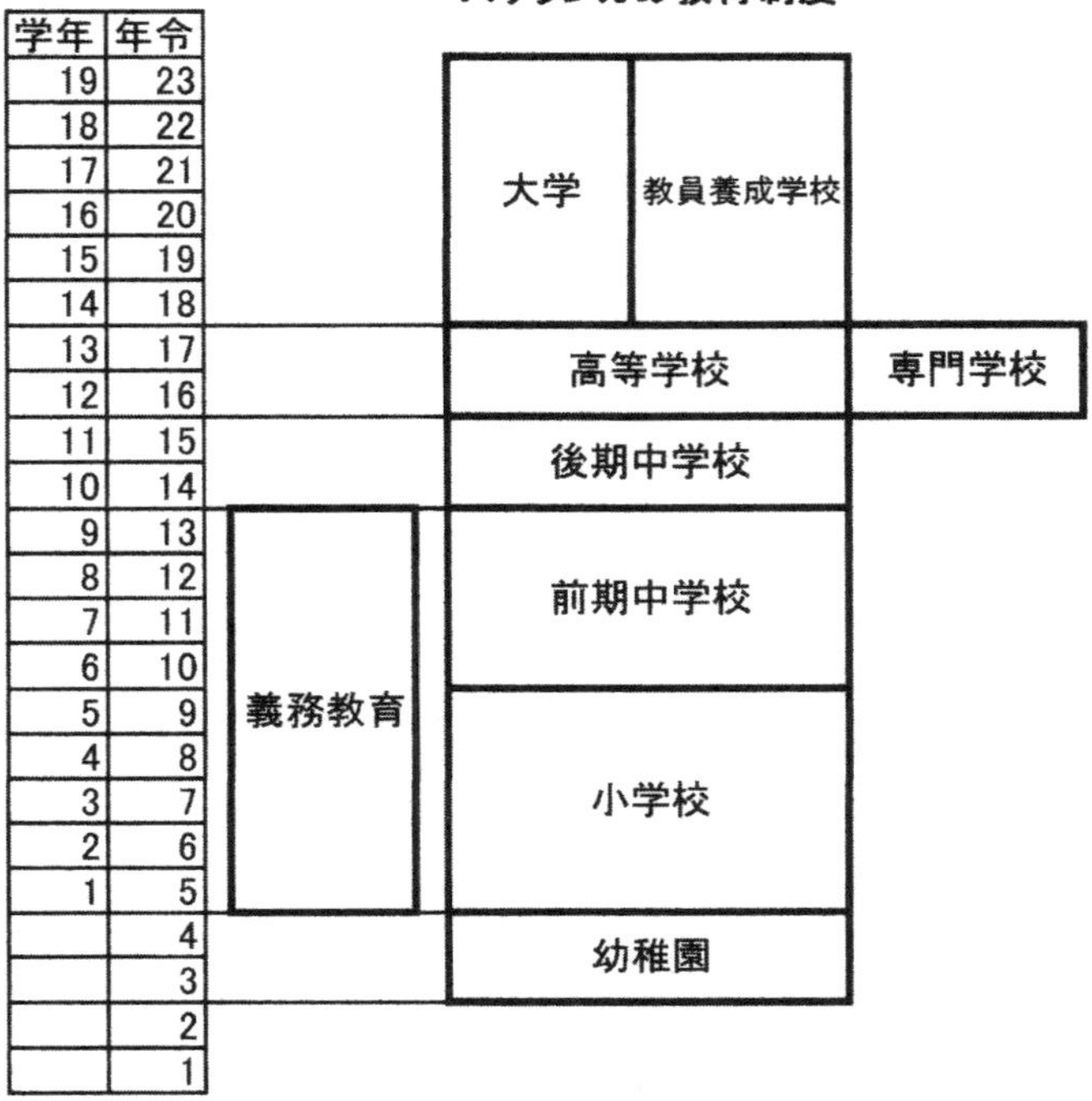

第五部　スリランカの基礎データ

◯スリランカについて

正式名称は、スリランカ民主社会主義共和国という。一九七二年の完全独立よりセイロンからスリランカという呼称になる。現在でもセイロン、タプロバネ（古代ラテン語）、セレンディブ（アラブ語）、セレンディプ（英語）という呼称も使われている。

国旗は、右の獅子はシンハラ王朝時代から続くシンハラ人を、四隅にある菩提樹は仏教を、サフラン色はヒンドゥー教（タミル人）を、緑はイスラム教（ムーア人）を象徴し、民族の融和を象徴している。

広さは北海道よりやや小さい。日本からの距離は約七千七百キロ。時差は三時間三十分である。

気候は熱帯性モンスーン気候に属し雨季と乾季がある。南西部では十二月から三月は降水量が少なくベストシーズン。五月から九月は雨季である。この時期の北東部はベストシーズンである。

人口は、約二千四十八万人で、シンハラ人が約七割、スリランカンタミル人が約一割、後はインディアンタミル人、ムスリム人、バーガー（ポルトガル人やオランダ人の子孫）と続く。

公用語はシンハラ語とタミル語である。英語も通用する。議会では英語で話され議事録も英語である。その後シンハラ語に翻訳される。

通貨はルピーである。二〇一五年一月現在百円が百十二ルピーである。

◯スリランカの歴史

紀元前一八〇〇年ころからウエッダーと呼ばれる先住民の狩猟民族がいた。

その後南インドからの侵略が続いていた。

紀元前五世紀から六世紀ころ最初のスリランカ人がスリランカに渡る。同じ頃タミル人も渡ってきた。

紀元前四八三年北インド王の息子ウィジャヤが蛮行のため船で流されたが、運良くスリランカにたどり着きシンハラ王国を築いた。

紀元前二五〇年、インドの国王アショーカがスリランカに仏教を伝えた。シンハラ王デーワーナンピアが仏教に帰依する。この時期に貯水池が充実する。

その後、南インドタミル民族が度々アヌラダプラに侵攻し征服されたり奪還したりが繰り返される。

アヌラダプラ王朝時代

三〇一から三二八年、シンハラ王シリメガワンナの時代に釈迦の犬歯が持ち込まれる
四三七年、シンハラ王ダトウセナの長男カッシャパが王を監禁し王位を奪う
　その後。王を殺害し、シーギリヤに宮殿を建設する
四九一年、カッシャパの弟モッガラーナがカッシャパから王位を奪還しアヌラダプラに都を戻す
七六九年、南インドタミル民族の侵略から逃れるためポロンナルワに一時遷都する
　その後南インドタミル民族との争いが続く

ポロンナルワ王朝時代

一〇七三年、アヌラダプラからポロンナルワに遷都
一二三二年から一二三六年、ダンパデニア、ヤーパフワ、ポロンナルワ、ダディガマ、ガンポラと遷都

動乱期

一三世紀、ジャフナ半島にタミル人のジャフナ王国が建国される
一四世紀、マルコポーロがスリランカを訪れる
一三五三年、ジャフナからの侵略部隊が島南部を侵略する
一三七一年、コーッテに遷都する
一四〇五年、明の鄭和が仏歯の引き渡しを要求するが失敗
一四五〇年、パラークラマバーフ王がジャフナ王国を支配下に置く
一四六九年、キャンディ王国を建国する
一四七九年、ジャフナ王国が再び独立する

ポルトガル植民地時代

一五〇五年、ポルトガルによる植民地支配が始まる
一五二一年、コーッテ王国、シータワカ王国、ライガマ王国の三国に分裂する

一五七一年、ポルトガルがゴールに城塞を築く

オランダ植民地時代

一六五八年、オランダによる植民地支配始まる
その後キャンディ王国とオランダの間で支配地争いがある
一六五七年、オランダとキャンディ王国の間で休戦協定が結ばれる
一七二二年、オランダがコーヒー栽培を開始する
一七五三年、タイから仏教僧が訪れる
一七六六年、オランダとキャンディ王国間で和平条約締結
一七七五年、ペラヘラ祭りに仏歯寺の行列が加わる

イギリス植民地支配

一七九六年、イギリスがコロンボ、ジャフナ、カルピィティヤを奪取する
一八〇二年、アミアン条約（オランダがイギリスにスリランカを譲渡する条約）結ばれる
一八一五年、キャンディ王国滅亡し二千四百年続いた独立の歴史が終わる
一八二三年、コーヒープランテーションの設立
一八四七年、仏歯の管理がキャンディの仏教僧に委譲される
一九一九年、シンハラ人とタミル人の政治家が平和的な独立を求める活動を開始する

一九四二年、日本軍が、駐留するイギリス軍を攻撃するためコロンボとトリンコマーリを攻撃する
一九四五年、幼稚園から大学までの無償教育制度が導入される
一九四六年、公用語をシンシラ語とタミル語にすることが国民評議会で承認される
一九四七年、イギリスがセイロンを完全な独立とする協定に調印する
一九四八年、イギリス連邦内の自治領として独立する

独立後

一九四九年、タミル人の選挙権が剥奪される
一九五一年、サンフランシスコ講和条約会議でジャヤワルダナ蔵相が仏陀の言葉を引用して対日賠償請求を放棄する
一九五六年、タミル人が公務員から排除され、タミル人の暴動が起きる
一九七二年、国名はスリランカ共和国とし、仏教を準国教扱いにする新憲法が発布する
タミルの新しい虎が分離独立運動を開始する
一九七八年、国名をスリランカ民主社会共和国と改称する

内線時代

一九八三年、シンハラ人とタミル人の民族対立が起こり暴動が続く
一九八四年、首都をコーッテに移す

一九八七年、タミル・イーラム解放の虎が独立を宣言する

二〇〇二年、ノルウェーと日本の仲介で停戦する

二〇〇四年、スマトラ沖の地震のため南西沿岸で三万人以上の死者がでる

二〇〇八年、政府はＬＴＴＥとの停戦合意を破棄する

二〇〇九年、政府は内線終結を発表する

○スリランカ関係の出版物

スリランカについての出版物はたくさんある。興味のある分野の本を読むことをお勧めする。旅行社の出版しているガイドブックは最新のものを読むこと。

○「モンスーンの風に吹かれて」

○「もっと知りたいスリランカ」

○「アジアの食文化」

○「コーヒーフェアトレード」

○「憧れの楽園スリランカ」

○「恋こがれてスリランカ」

○「熱帯語の記憶スリランカ」

○「南の島のスリランカ」

○「スリランカ　人々の暮らしを訪ねて」

○「泣いて笑ってスリランカ」
○「スリランカで午後の紅茶を」
○「子ども連れのスリランカ」
○「スリランカ時空の旅」
○「セイロン島誌」
○「スリランカ仏教美術入門」
○「スリランカの仏教・民族」
○「巨大仏の謎」
○アジア読本「スリランカ」
○「緑の島スリランカのアーユルヴェーダー」
○「シーギリヤの雨」
○「古都の群像」
○「鉄道旅行」―内陸
○「鉄道旅行」―沿岸
○「スリランカを知るための58章」
○「スリランカ　やすらぎの島で優雅に過ごす」
○「スリランカー海洋民族誌」
○「スリランカ学の冒険」

○「スリランカから世界を眺めて」
○「ブッダと歩く神秘な国スリランカ」
○「スリランカで運命論者になる」
○「この人を忘れないでースリランカのジャヤワルダナ大統領」

あとがき

今までスリランカで出会った人たちの何人かに登場してもらった。みんな心惹かれる人たちである。彼等から学ぶことが多い。いつまでも魅力ある人でいてほしいと思っている。同行した里親さんたちも魅力のある人たちである。次の機会にはその人たちにも登場してもらおうと考えている。

旅行へのアドバイスには案内書にないものを取り上げた。ツアーでは味わえないものもあるが、ツアーコンダクターに頼んで、ツアーでは味わえない体験をしてほしい。そしてスリランカのよさを見つけていただければ幸いである。

自分に合った目的がかなえられるように後半に紹介した書物も参考にしてほしい。

今まで危険地帯になっていた地域も安心して行けるようになってきている。まだ観光化されていないからのんびり楽しめるかもしれない。

私もまだ訪れていない場所が多いし、訪れた場所でも遺産などの調査ではなく里子の環境調査が目的だからほとんど通り過ぎたようなものだ。機会を見つけてゆっくり調査したい。そこでも新たな出会いがあるだろうし発見もあると思う。

次回はそんなことも含めて書いてみようと思う。

平成二十八年四月一日

コスモス奨学金
―優れた才能を持ちながらも、経済的な理由で勉学に苦労しているスリランカの子どもたちへの教育や生活支援などの活動―

二〇〇六年に鈴木康夫と五木田恭子が設立。

現在の里子一八一名。里親数は一五九名。

年一二〇〇〇円で一名の子どもを一年間支援している。支援の内容は、学用品、バス代、補修クラス費用、制服、傘、靴など。

毎年一月、スリランカの事務局の寺院で奨学金授与式を行うとともに、スタディツアーを実施している。「ウイシシャ・シシャーダラ基金」「ふたばアーロカヤ基金」「ムディタ基金」「メッタ基金」「ウペクシャ基金」「カルナ基金」が設立されていて、食料支援など里子達の様々なケースに対応している。また、大網ロータリー関係者からは食料支援、柏東ロータリー関係者からは図書室や図書の支援をいただいている。

代　表　　鈴木康夫

副代表　　五木田恭子、野口芳宣

日本事務局　メルビン、サジーワニー

スリランカ事務局　　アマラワンサ僧侶（スリ・プンニャワルダナラマヤ寺院住職）

ホームページ　http://cosmosyk.in.coocan.jp

連絡先　　千葉県東金市田間一四〇三　鈴木康夫

仏教の息づく
セレンディップなスリランカ

二〇一六年四月十日　初版第一刷発行

著　者　鈴木康夫
発行者　谷村勇輔
発行所　ブイツーソリューション
〒四六六・〇八四八
名古屋市昭和区長戸町四・四〇
電　話　〇五二・七九九・七三九一
ＦＡＸ　〇五二・七九九・七九八四
発売元　星雲社
〒一一二・〇〇一二
東京都文京区大塚三・二一・一〇
電　話　〇三・三九四七・一〇二一
ＦＡＸ　〇三・三九四七・一六一七
印刷所　藤原印刷

ISBN978-4-434-21743-2